幸福
城记

丛书

小治理 大幸福
中国城市新纪实

中国幸福城市杭州研究中心
中国幸福城市实验室
———— 编 ————

HAPPIEST CITY

| 读 城 识 幸 福 |

ZHEJIANG UNIVERSITY PRESS
浙江大学出版社
· 杭州 ·

图书在版编目（CIP）数据

　　小治理　大幸福：中国城市新纪实 / 中国幸福城市
杭州研究中心，中国幸福城市实验室编. — 杭州：浙江
大学出版社，2022.12
　　ISBN 978-7-308-23365-1

　　Ⅰ. ①小… Ⅱ. ①中… ②中… Ⅲ. ①社会生活－概
况－中国 Ⅳ. ①D669

　　中国版本图书馆CIP数据核字(2022)第235334号

小治理　大幸福：中国城市新纪实

中国幸福城市杭州研究中心　　中国幸福城市实验室　编

策划编辑	吴伟伟
责任编辑	马一萍
责任校对	陈　翩
封面设计	雷建军
出版发行	浙江大学出版社
	（杭州市天目山路148号　　邮政编码　310007）
	（网址：http://www.zjupress.com）
排　　版	杭州林智广告有限公司
印　　刷	浙江全能工艺美术印刷有限公司
开　　本	710mm×1000mm　1/16
印　　张	21.25
字　　数	312千
版 印 次	2022年12月第1版　2022年12月第1次印刷
书　　号	ISBN 978-7-308-23365-1
定　　价	98.00元

浙江大学出版社市场运营中心联系方式：0571-88925591；http://zjdxcbs.tmall.com

目 录
C O N T E N T S

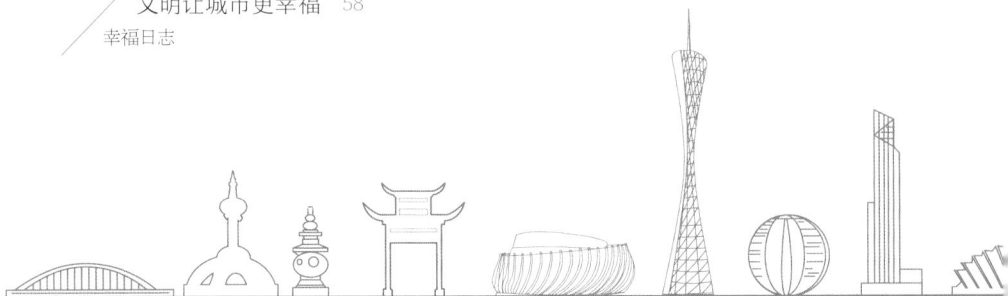

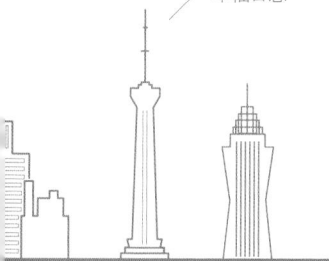

导论

读城识幸福

随着经济与社会的发展，人类的生活轨迹发生了明显的变化，越来越多的劳动力由于不同的原因从农村涌入城市。研究者估计，到 2050 年，全世界 70% 的人都会生活在城市。中国已成为城市人口增长的主力军。根据联合国的估计，在 2050 年中国的城镇化率将达到 71.2%。

越来越多的年轻人来到城市，为城市带来新的想法与生机，城市是否也为这些外来人口和当地居民带来了相应的快乐与幸福呢?

城市之所以吸引越来越多的年轻人定居，是因为其带来的更高的收入、更多样化的选择、更多的创新想法、更自由的生活空间，以及更现代的生活方式等。然而，快速城市化的危害也刺痛了城市居民以及盼望着在城市扎根的新"移民"。比如，城市房价难以负担，很多人不得不生活在城市周边的区域，这使得他们经常暴露在一些潜在的危险中。再如，城市交通拥堵、居住条件恶劣、温室气体或有害气体排放、绿地被侵占或污染，这些危害都削弱了城市的魅力。因此，关于城镇化的反思越来越多，几乎都聚焦在一个问题上，即: 经济发展是否一定能给人民带来幸福。快乐与幸福成为经济学家、哲学家、心理学家等不断论及的话题，政府也不断强调要让城市居民感到幸福。

城市居民的幸福感成为生活在城市中的居民、媒体、社区、政府部门、学术界等多方共同的重大关切对象。什么是居民的幸福感？影响居民幸福感的因素都有哪些？如何度量幸福感的强弱？国际多边组织、国家（地区）、不同的机构都开始基于自身对幸福城市的理解进行测量或调查。

——

关于"幸福城市"这一表述，中国最早的官方记录是江苏省江阴市于 2005 年提出的建设"幸福江阴"的宏伟目标。最初的"幸福江阴"是与经济期望挂钩的，即江阴市政府希望其 2010 年的人均GDP能在 2005 年的基础上翻一番。综观国外，未见明确的"幸福城市"概念，但不乏相关主题的研究，大致分两类：一是研究城市中居民对自己生活水平总体的评价（life evaluation）；二是研究城市中居民的生活质量（quality of life）。前者研究的是生活在这个城市里的居民的幸福感水平，但并不讨论这个城市带给居民的幸福感；后者并不测量城市中居民主观的幸福感，而是测量生活质量的方法，即通过客观的指标，由专家来评定不同城市的生活水准，最终判定城市适宜人类生活的程度。在使用第一类方法的排名中，最著名的是联合国评选的"全球最幸福的国家"（《全球幸福指数报告》，*World HAppiness Report*）；在使用第二类方法的排名中，经常被国内引用的是英国经济学人智库评选的"全球宜居城市"（《全球宜居指数报告》，*Global Liveability Index*）。国外相对主流的城市宜居性排名还有美国美世的生活质量排名、英国《单片镜》杂志的生活质量调查、德国德意志银行的宜居性调查等。

在中国，最受关注的幸福城市排名，是每年由新华社《瞭望东方周刊》与瞭望智库共同主办的"中国最具幸福感城市"调查推选活动发布的《中国城市幸福感报告》。这一排行榜将中国城市（港澳台除外），分四个不同的城市层级进行排名（省会及计划单列市、地级市、县级市、城区）。它与前文提到的两类排名的不同之处在于，将城市居民的主观幸福感受与客观的评价指标相结合进行评定。具体来说，区别于《全球幸福指数报告》直接测量居民的幸福程度，也区别于《全球宜居指数报告》由专家来确定不同指标的分数，"中国最具幸福感城市"调查是参考居民的主观回答，结合专家意见，再通过大数据分析结果进行调整，最终得出排名结果。

二

2011 年 6 月，联合国大会通过了由不丹提出的非约束性决议。该决议倡导"各国政府在决定如何实现和衡量社会经济发展时，应该更加重视人民的快乐和幸福"。从 2012 年开始，联合国每年发布《全球幸福指数报告》（2014 年中断一次）。这份报告的主要数据来源于 2014—2018 年的盖洛普世界民意调查中 15 岁及以上的常住人口，其中最受瞩目的年度幸福排名就是以盖洛普世界民意调查的生活满意度指标为依据的。以 2020 年《全球幸福指数报告》为例，该报告的第三部分讨论了不同城市的幸福感。它以特定的人口规模、市域面积、职能单位、生活与工作的便利度以及社会互动程度为评判标准，选取了世界上 186 个城市进行排名。它主要包含三个榜单：一是对当前生活的满意度的评估；二是对未来生活的预期满意度的评估；三是对每天的情感体验的排名。

第一个排行榜通常也被视为全球城市幸福感排行，是采用自评的方法来测量生活满意度。具体而言：被调查者想象自己面对一列阶梯，阶梯底部赋值为 0，顶部赋值为 10；0 代表最坏的生活，10 代表可能的最好生活。被调查者据此回答"你觉得自己现在的生活是在阶梯的哪个位置"这一问题。这份幸福感报告的一个非常突出的特点是，问卷选项并不是研究人员（或决策者）通常认为重要的那些因素，也不是按照有限数量的客观的生活质量指标来设计，而是完全以城市居民自己的主观幸福感为依据。这份报告称，"我们的排名是自下而上的，'解放'了城市居民自己认为重要的那些因素"。

《全球幸福指数报告》不探讨什么是幸福，而是直接询问被调查者感受到自己有多幸福。所以，所有的选项都是基于被调查者个人对幸福的理解来完成的。《全球宜居指数报告》与此不同，它是根据不同的组织机构对宜居性的不同理解，设计不同的指标和标准，进行调研并得出结果。

换言之，《全球宜居指数报告》通过定性指标和定量指标来综合评价一个城市的生活质量。定性指标是由内部分析师来确定评级，定量指标则通过外部的数据来计算评级。该排名之所以受到广泛关注，是因为它统一量化了所有可能对人类生活构成挑战的项目，并使得生成于不同区域、不同文化背景的指标可以直接进行比较。《全球宜居指数报告》不仅包含针对 140 个城市的宜居性调研，还包含全面的政治环境分析、关键经济指标的分析与预测，而这主要是为了帮助企业管理者和政府更好地做出决策。另外，《全球宜居指数报告》的一个很现实的意义在于：帮助企业管理者决定，当一个雇员要被派遣到一个不易生存（例如空气污染严重、生活水平低下）的环境工作时，企业应当给予多少额度的津贴。

作为一个商业性排行榜，用户必须付费才能获得完整的报告内容。但是，经济学人智库每年会发布一份可免费获取的报告《全球宜居性概述》，其中包含该年评选出的排在前十名与后十名的城市相关介绍。

《全球宜居性概述》根据稳定性、医疗保健、文化和环境、教育和基础设施等五类共 30 个因子对入选城市进行评估。每一类指标的具体内容和权重如下。

第一类：稳定性指标，权重为 25%，包含轻微犯罪流行率、暴力犯罪流行率、恐怖威胁、军事冲突威胁、内乱 / 冲突威胁等五个因子。

第二类：医疗保健，权重为 20%，包含私人医疗保健可用率、私人医疗保健质量、公共医疗保健可用率、公共医疗保健质量、非处方药的可用性和一般医疗保健等六个因子。

第三类：文化与环境，权重为 25%，包含湿度 / 温度等级、对旅行者的不适度、腐败程度、社会或宗教限制、审查制度级别、运动可用性、文化可用性、食品和饮料、消费品与服务等九个因子。

第四类：教育，权重为 10%，包含私立教育的可用率、私立教育质量、公共教育质量等三个因子。

第五类：基础设施，权重为 20%，包含道路网络质量、公共交通质量、国际连接质量、优质房屋供给的可用率、能源供应质量、供水质量以及电信质量等七个因子。

每个因子都设有若干选项，包括"可接受的""可容忍的""不舒服的""不是期望的""不可忍受的"等。调查人员根据选项赋值，对因子分数进行编译和加权，最终得到总的分值（其中，1 分被视为糟糕的生活，100 分被视为理想的生活）。

将《全球宜居指数报告》与《全球幸福指数报告》进行比较，可以发现两者在确定入选城市的标准时，有着较大的不同。即便同时在两个排名中都上榜的城市，其排名也存在先后。《全球幸福指数报告》中，基于主观幸福量表得出的排在前十名的城市基本分布在斯堪的纳维亚半岛、澳大利亚和新西兰；而《全球宜居指数报告》中，出现了加拿大以及亚洲的城市。对于这两套排名体系的结果存在差异的事实，我们尝试从以下几个方面做出解释。

第一个也是最重要的原因，是两套排名体系的基本指导思想和功能不同。《全球幸福指数报告》旨在反映不同城市中居民在相关项目上的主观感受，而不是他们实际拥有或者享用到的客观条件的水平。《全球宜居指数报告》是基于城市的安全稳定性、医疗保健、文化环境、教育和基础设施等五个客观因素来进行评判的，更倾向于对城市状态采取科学主义的评价视角，倾向于呈现人生活于其中的城市的状况。当然，这样的划分也不是绝对的，两套排名系统都是主观与客观之间的不同程度的综合，所不同的只是侧重于谁的主观、谁眼里的客观。

第二个可能的原因，可以从指标体系制定者的文化属性方面去寻找。在不同的文化体系下的"专家"，会有不同的赋权倾向。《全球宜居指数报告》的研究者所研发制定并用以实施的各级指标及其赋权策略，是基于西方发达国家视角对城市宜居性的理解，无法确定是否完全适合其他国家或文化。举个例子，在《全球宜居指数报告》中，安全稳定性和文化环境的权重均为25%，但也许在一个战乱的国家，其人民对安全稳定性的权重要求远高于对文化环境的权重要求。

第三个原因，还可以从接受调查者的文化心理方面寻找。比如，不同受访者对主观量表的认知以及选择偏好存在差异。一个已经被观察到的现象是，亚洲人在填写主观量表时，不愿意表达自己过于极端和清晰的态度，比如很少选择"非常满意"或"完全赞同"这类选项。这个中庸的倾向性，在西方的跨文化研究中也早有讨论。因此，我们可以推测亚洲人在填写这类问卷时更倾向于保守地表达自己的幸福感。

中国也有一些与之类似的城市综合性排名。比如，华顿经济研究院编制发布的年度"中国百强城市排行榜",它根据国家统计局的数据,结合经济和非经济两大系列指标进行综合测算。比较而言,"中国最具幸福感城市"榜单是中国最具影响力、最广为人知的城市幸福感排行榜。

三

在中国,"幸福城市""城市幸福感"的话题于 2005 年首次提出。"幸福"这个概念一经提出,就以极为迅猛的速度传播到中国社会的各个领域。在传媒领域,从 2007 年开始,"中国最具幸福感城市"调查推选每年如期举办。学术界关于幸福感话题的研究也从心理学、社会学扩散到了经济学、城市学以及其他学科。此外,系统研究"幸福"概念的山东大学教授邢占军也表示,2005 年之前,"幸福"研究几乎无法影响政府决策;而 2005 年以后,"幸福"的作用开始受到决策者的关注。

由新华社《瞭望东方周刊》与瞭望智库共同主办的"中国最具幸福感城市"调查推选活动,从 2007 年启动,迄今已连续举办 16 届。该调查推选活动通过大数据采集、问卷调查、材料申报、实地调研、专家评审等方法进行。大数据采集依据科学的指标体系,通过网络抓取与幸福感有关的城市画像和人的行为数据,从而得出大数据分析结果。问卷调查采用网络调查方式进行,借助李克特量表,了解被调查者对所在城市各个具体方面的感受,包括收入、交通、医疗、教育、安全、环境、城市吸引力、城市生活品质等。材料由各城市自行申报,并经专家审核。最终调查结果以公众主观调查与客观数据调查相结合、专业评审委员会共同确认的方式产生。在选取 100 个地级及以上城市和 100 个县级城市(区)时,调研组也进行了充分考量,参考了中国社科院财经战略研究院等机构历年发布的《中国城市竞争力报告》以及由中国社科院主管的中小城市经济发展委员会等机构发布的"年度全国综合实力百强县市（区）"等名单。

评估结果主要包括不同城市的总体幸福度和具体幸福度。方法是：以城市幸福感指标体系为坐标，根据大数据采集、问卷调查、材料申报、专家评审、实地调研等数据和材料汇总，考察教育、交通、就业、居民收入、医疗健康、生活品质、生态环境、城市吸引力等九个方面的具体城市幸福度，最后将各指标的分数加总（权重一致），计算该城市的总体幸福度。这种测算法与盖洛普公司的全球幸福感指标的测算方法类似，后者将幸福感分为职业、社交、财务、社区、身体等五个不同领域进行评估，调查对象在 0～10 分中选择，以匹配自身的幸福程度。

值得一提的是，"中国最具幸福感城市"调查推选中的每个一级指标都由一个城市居民的获得感维度问题和一个对政府治理评价的维度问题组成（以生态环境指标为例：城市居民获得感维度——"我所在的城市自然环境好，可以深呼吸"；政府治理的维度——"我对所在城市的生态治理很满意"）。考虑到不同类型的城市在资源、规模、功能等方面的不同需求，最终的报告呈现了四个不同的排行，即省会及计划单列市的排行、地级市的排行、县级市的排行、城区的排行。

相比于联合国的全球幸福城市排名，英国的全球宜居城市排名与"中国最具幸福感城市"的排名方法相似度更高：在调查评选中都是依据自己定义的"好的城市"的指标进行提问；纳入的指标基本一致，比如都涉及教育、医疗、基础设施/交通、稳定性/安全、文化和环境/生活品质、生态环境等。可见，不同国家对于客观上哪些因素会影响城市居民的生活品质是有着基本共识的。不过在评分时，全球宜居城市排名主要是由经济学人智库的研究员对不同的维度进行评分，"中国最具幸福感城市"排名是由居民自己对不同指标的内容进行评价，再结合大数据以及专家评审意见得到最终分数。

在前文中，我们简要地阐明了西方国家编制的《全球幸福指数报告》主要基于主观幸福感，旨在呈现城市个体的主观感受；而《全球宜居指数报告》主要基于客观的指标，旨在呈现不同城市的生活状况的排行。但是，当我们将"中国最具幸福感城市"排行与前两个排行进行比较时，可以发现该排行在幸福感调查和排行榜设计中的创新：尽可能将城市居民的主观幸福感测量与城市客观条件相结合。也因此，"中国最具幸福感城市"排名连续多年备受关注，在中国形形色色的城市排行榜中独树一帜，牢牢占据了最具影响力排行榜的地位。同时，这个排行也具有了产生国际影响的潜力。

幸福感，特别是城市幸福感的测量，依然是一个充满挑战性的问题，需要在指标确定的学理基础、度量的准确性、赋权的合理性、模型算法的科学性方面继续深入研究。建立具有中国自主知识产权并有较大国际公信力和影响力的幸福城市排行体系，是摆在中国相关机构和学者面前的重大课题。一方面，我们必须博采众长，在比较的基础上借鉴国际排行榜的优长；另一方面，我们必须充分考虑中国乃至全球城市在规划、建设、发展、管理等方面的前瞻性要求以及居民日益提高的生活品质需求。只有综合这两个方面，我们才有可能形成一套具有中国特色且适用于国际比较的最具幸福感城市评价体系。我们欣喜地看到，国内一些研究机构已经开始行动起来，进一步完善"中国最具幸福感城市"调查评价体系。

杭州

在杭州各具特色的未来社区里，未来呼啸
而来，注入这个城市幸福的旋律里。

　　杭州，古称临安、钱塘，是浙江省省会、国家中
心城市、杭州都市圈核心城市。杭州地处中国华东地
区、钱塘江下游、东南沿海、浙江北部、京杭大运河
南端，不仅有自然风光，还坐拥西湖、中国大运河杭
州段、良渚古城遗址 3 处世界遗产，是首批国家历史
文化名城。全市下辖 10 个区、2 个县，代管 1 个县
级市，总面积 16850 平方公里。截至 2021 年底，杭
州市常住人口为 1220.4 万人。2021 年，全市实现地
区生产总值 18109 亿元。

把"未来"装进幸福天堂

未来，不仅是一个时间概念，它还代表着重塑，意味着变革，更蕴含着无限可能。

作为一座古老而又年轻的城市，杭州用一种前所未有的方式探寻这个天堂城市的未来——聚焦未来社区建设，打造共同富裕美好生活的幸福共同体。

2019年，浙江省从省级层面提出建设"未来社区"的意见，并将其写入当年的政府工作报告。那时的未来社区是一纸蓝图，充满对城市未来生活的幸福想象：以未来为坐标，对现有的理念、思路方法和体制机制进行一场前瞻性、牵引性、系统性的升级，落地"一统三化九场景"，建设人民幸福的美好家园。

作为高质量发展建设共同富裕示范区的引领性工程、战略性工程、标志性工程，未来社区建设被赋予打造共同富裕现代化基本单元、数字社会城市基本功能单元的新使命。

杭州认真贯彻浙江省委、省政府的部署和要求，以领跑姿态奋战奋进。从公共服务到交通出行，从智慧医疗到智慧治理，杭州牢牢把握未来社区的现代化属性，构建起更多面向现代化、面向未来的市民生活场景。

未来已来。2022年的杭州，已有部分未来图景开始转化为幸福实景。比如，由葛巷社区打造的一体化智慧服务平台，推动"居民移动端、物业钉钉端、社区驾驶端"三端互联互通，实现了以数字赋能社区治理和服务。

　　为了高水平打造共富城市基本单元，也为了高标准建设幸福新天堂，杭州锚定人本化、生态化和数字化的价值坐标，牢牢把握党建统领方向，将未来社区建设理念和要求贯穿到城市旧改新建、有机更新的全过程，在全市迅速掀起未来社区建设热潮，构建起"省级试点、省级创建点、市级创建点"三级梯度创建格局，实现了"创建类型、创建地域"全覆盖，不断加快形成可持续、可复制、可推广的未来社区建设"杭州模式"，积极推动未来社区建设走在全浙江前列。

　　2022年5月27日，在浙江省共同富裕现代化基本单元建设工作推进会上，浙江正式列出了全省第一批28个未来社区。而在浙江省先后公布的前两批（2019年8月、2020年8月）共60个全省未来社区试点项目中，杭州以11个试点数量位居全省第一。

———

　　把未来装进幸福天堂，杭州早在2019年就开始了探索。

　　建在楼里的公交车站、开在社区里的图书馆、嵌入综合体内的公共服务中心……位于杭州萧山区瓜沥镇的七彩社区，是浙江省未来社区的先行试点，在这里，数字化已经串联起各类生活场景，社区居民可以清晰触摸到未来的模样。

　　在该镇东恩村的村社驿站"沥·MALL"实体店，村民在通过"沥家园"手机端参与数字公益等活动后，就能用线上社会治理积分到店兑换商品。

　　"'沥家园'是我们村里村民的一个自治平台，村里会在平台上发布如邻里互助、垃圾分类等公益任务，村民主动参与后即可赢得积分。"社区相关工作人员告诉《杭州日报》记者。此外，村民还能通过"沥家园"浏览新闻、关注村情、反映诉求。

　　未来社区如何通过"拆墙"，把邻里淡漠的那堵"空气墙"拆除？在瓜沥镇相关负责人看来，邻里场景，在未来社区九大场景中位列第一，"邻里场景首先要有物理上的公共空间"。

瓜沥镇打造的七彩社区，整合社区礼堂、共享书房、幸福学堂等社区生活圈模块功能，实现了城市公共资源向基层社区下沉，构建起集宣传教育、科学普及、文化娱乐、体育活动等于一体的"场景混合""跨界融合"的公共文化空间。

在打造出公共空间的基础上，七彩社区还组建了武术社、茶艺社、话剧社等12个社团，常态化开展武术健身、朗读会、音乐会等丰富的主题性社团活动，促进邻里交往。

与此同时，依托杭州城市大脑等大数据平台，七彩社区通过"沥家园"平台的"一键达"功能模块，基本实现了小区治理模式的迭代升级，管理效能得以提升，居民意见能及时得到反馈和处置。"通过公共空间的打造，通过文体社团的建设，通过数字生活的体验，'拆墙'在未来社区是自然而然形成的状态。它还将加速从'生人社会'转化为'熟人社会'，真正体现远亲不如近邻。"瓜沥镇相关负责人说。

聚焦基层治理、百姓生活等热点问题，瓜沥七彩社区根据"城市大脑＋未来社区"的模式，统筹推进"沥家园"数字驾驶舱建设，实现管理信息"一键通"，居民沟通"一键达"，公共服务"一键办"，初步构建起数字社会社区单元的雏形。

智慧互联，打造美好生活链圈，瓜沥七彩社区的数字化建设之路，是杭州积极推进数字生活变革的一个缩影。

在杭州社区里，总面积0.21平方公里的翠苑一区是一面旗帜、一个样板。这里建成了杭州首个社区老年食堂，在全省首创"孝心车位"，打造了15分钟为民服务圈，还实施了老旧小区改造、社区公园建设等民生实事项目。

作为杭州现代社区的典范，翠苑一区如今以未来社区建设为突破口，以数字赋能为动力，以共建共治共享为导向，积极探索、推进社区治理体系重塑，打造更具归属感、舒适感和未来感的美好幸福家园。

20年前，翠苑一区首创社区老年食堂，坚持惠利老人。多年来，食堂历经三次迭代，不仅让老人吃得好，更希望让他们吃得健康。

打通老人健康档案、量身定制营养餐是老年食堂4.0版的智慧体现，而且，芯片读取和人脸识别技术的应用还能让老人体验"无感支付"的高科技。

如今的翠苑一区里，智慧的"触角"已伸展至生活的方方面面，现代化的服务场景逐一涌现。依靠地磁检测器、单双向引导屏等设备，泊车更便利；引入"大物业"管理模式，让专业化、标准化、精细化的服务一"触"即达；搭建完善"呼应为"智治平台，"治理云""邻里云"等数字化应用场景让老典型有了新面貌……已经位列浙江省第四批未来社区创建名单中的翠苑一区不断实现好、维护好、发展好最广大人民根本利益，从一而终地为百姓打造一个"未来社区"的典范。

除了"智慧场景"渐入人心，在翠苑一区的"民愿清单"上，整改提升外立面、绿化景观、大小道路整修、配套设施建设等一件件关乎生活品质的民生实事赫然在列。

美丽宜居的环境是美好生活的底子。翠苑一区党委班子成员以"高品质"为先导，逐户上门收集意见，尽全力克服小区建设早、规模大、人口多带来的现实困难。

多年来，居民目睹了身边正悄然发生的变化。69幢房屋斑驳的外墙新了，窗外"四小件"变得整齐划一，主干道与支路持续更新，"挤"出上百个停车位，曾经的顽疾"九曲池"也还百姓一汪清池活水……先后投入近6000万元，翠苑一区打下了迈向现代化"未来社区"的底子。

底子要硬，里子也得好。社区党委在小区环境整治中反复总结、及时调整，这让翠苑一区量身定制的"老旧型未来社区建设环境提升方案"得以顺利推进。

内实外美，百姓有了底气，写下了一条条关于奔赴高品质未来生活的金点子。这其实也得益于翠苑一区在实践中不断完善的"公开提、公开议、公开评"工作法。如今正在如火如荼建设中的未来社区，也践行同样的路径。

　　而在瓜山未来社区，映入眼帘的则是一幢幢颜色艳丽、设计巧妙的小洋楼。作为由曾经的"城中村"保留翻新的未来社区，瓜山未来社区通过"插花式＋系统化"的改造，已焕然一新。

　　这个原本以老年人为主的社区，如今处处透露出年轻范儿。社区已打造了近2万平方米的青年人才创业创新空间，不仅变成年轻人扎堆居住的地方，更成为年轻人创新工作的大本营。截至2022年10月，这里已吸引了7000余人入住，其中80%以上为"90后"，而且该社区成功引进旭航网络等企业60余家。

（摄影：李忠）

　　赵晨富是瓜山未来社区里一家潮玩公司的初创者，他在接受《杭州日报》采访时表示，"以前来过这里，一眼看去就是一片浅棕色的'老破脏'农居房，怎么都没想到现在会变成这样，不仅房子有设计感，而且年轻人也多了很多"。

　　青年带来活力，人才促进共富。"这里的品质公寓不仅环境好，租金也很合适，像我们这样的'资深'杭漂也有了家的感觉。"赵晨富还常常介绍外地的朋友到这里来创业，"现在有了'安居'，大家还能一起'乐业'"。

　　瓜山未来社区，让杭州在共富大场景建设中有了抓手，也有了支点。像赵晨富这样的年轻创业者，在瓜山越来越多；像瓜山这样的未来场景，在杭州越来越多。按照计划，2022 年，杭州将试点创建未来社区 89 个、风貌样板区 37 个、美丽城镇 68 个，全年计划完成投资 1090 亿元。

二

把未来装进幸福天堂，杭州探索着自己的方法论，并在建设过程中不断实践。

为了加快把未来图景转化为幸福实景，杭州强调，在未来社区的具体建设过程中，要突出抓好"七个共"：一是共创，打造协同创新的未来创业场景，让未来社区成为宜居宜业宜创之地；二是共建，研究制定激励政策，为市场主体、社会力量参与建设创造良好环境；三是共荣，塑造各具特色、各美其美的文化标识，增强百姓的社区归属感；四是共富，探索"一老一小"整体解决方案，推动公共服务优质普惠进社区；五是共享，把未来社区作为满足市民高品质生活需求的大平台，开辟共享经济新蓝海；六是共联，更加注重数字技术应用，打造智慧互联的数字"孪生"社区；七是共治，将居民参与融入规划建设、管理运营全过程，有力推进社区治理现代化。

首先，杭州的未来社区建设，从试点探索到全域覆盖，是"一竿子插到底"，是强势高效的推进。

未来社区建设是浙江在全国首创的重大民生工程，着力打造绿色低碳智慧的"有机生命体"、宜居宜业宜游的"生活共同体"、资源高效配置的"社会综合体"。

为此，杭州深化专班统筹，突出要素供给、突出技术支撑、突出工程联动，推动未来社区项目建设"一竿子插到底"。2021 年 7 月，根据浙江省委、省政府统一部署，未来社区建设工作牵头部门由发改部门调整为建设部门。杭州市建委迅速进入角色，在实现市、区两级工作专班组建并开展常态化运营的基础上，扎实落实"常态化调查研究，常态化分析研判，常态化协调服务"的指标要求，建立起例会制、报表制、考评制及专题协调等工作机制。

　　"我们构建形成了县（市、区）、乡镇、街道、社区层层压实的工作格局，确保工作机制扁平高效、快速运转；树立成员单位'一个调'的工作理念，形成多部门协同推进机制。"杭州市城乡风貌整治提升工作专班未来社区组相关负责人向媒体介绍。如此统分结合、高效规范的组织架构，推动全市上下凝聚起强劲攻坚、迭代深化、全面提升的合力。

　　经过精细摸排，杭州梳理明确了一批重点项目，并在全省未来社区两个"1＋1"底线要求的基础上，全面推进"百社示范、千社提升"行动。同时，市、区两级工作专班以专题会商、现场协调、督查指导等方式，梳理剖析现阶段未来社区建设所存在的难点、堵点、痛点，指导推进方案设计、项目建设、场景落地、长效运营等工作开展。

　　在系统性的推动下，杭州的未来社区创建氛围日益浓厚，未来社区理念逐步成为杭州城乡建设的普遍形态，一批批试点、创建点项目不断涌现。截至2022年10月，杭州89个未来社区项目被列入省级试点、创建名单，项目总数全省领先，形成了"省级试点、省级创建点、市级创建点"三级梯度创建格局和"创建类型、创建地域"两个全覆盖。

　　创建项目越来越多，见效落地越来越快，也让惠民红利加速释放。在浙江省9个未来社区场景运营"最佳实践"案例中，杭州以5席占半数以上。同时，杭州已建成投用的未来社区项目获得居民高度认可，在第三方满意度调查中，社区居民满意率达到95%～98%。

　　其次，杭州的未来社区建设，从党建统领到体系成形，是以"一揽子政策"强化系统保障，实现资源要素高效集成，推动各项举措落实落细落地。

　　未来社区建设工作系统性强、综合性高，需要具有强大凝聚力的"核心"驱动和精准全面的政策保障。杭州牢牢把握党建统领方向，将"红色基因"深深植入未来社区建设，以党建统领聚合力、解难题、优治理、连民心，筑好党群"共同体"，画好红色"同心圆"。

（摄影：李忠）

　　未来社区创建，居民意见不同怎么办？党员主动上门入户听民声汇民意，社区党组织、临时党支部一次次召开座谈会、恳谈会，在不断的沟通与协商中找到民意"最大公约数"，把居民的所思所盼所愿切实融入创建全程，体现在创建成果中。创建过程中遇难题，社区独力难支怎么办？通过党建联建、党建联盟等，搭建起共建共治的桥梁，汇聚各方资源合力攻坚破难，让"党建红"成为未来社区基层治理中最亮丽的底色。

　　杭州市城乡风貌整治提升工作专班未来社区组相关负责人向《杭州日报》记者介绍，"我们坚持上下贯通、条抓块统，强化未来社区党建工作标准化、规范化建设，完善与未来社区建设、治理相适应的组织体系，逐步构建'党建统领、多跨融合、数智赋能、共建共享'的未来社区治理新格局"。

　　杭州也不断强化政策研究，完善制度保障，以务实精准的政策体系和科学专业的技术体系，为未来社区高质量建设提供各项支撑。

2022年，杭州发布了浙江首个市级未来社区验收办法——《杭州市城镇未来社区验收办法（试行）》，首次将党建考核纳入评分标准，旨在将党建工作贯穿于未来社区建设的全过程，为全市未来社区建设提供操作落地指导，强化党建引领和文化彰显，鼓励因地制宜、突出特色亮点，推动形成"大胆创新、百花齐放"的建设格局。

《杭州市城镇未来社区创建市级专项奖补资金管理暂行办法》也已研究制定出台。该办法根据不同项目类型，采取"以奖代补"的形式进行分级分类补助，对于成功创建未来社区的老旧小区改造项目，在允许其享受原补助资金的基础上，再给予一定的专项补助资金。

同时，在未来小区建设中，杭州强化数字赋能，以数字变革成果凸显未来感，使未来社区的数字化体系不断完善。比如，杭州市建委会同市发改委、市数据资源局等多部门出台的《杭州市未来社区数字化建设指南（1.0版）》，指导各地高效构建智能便捷的未来社区一体化平台，打破部门数据壁垒，推进互融共促的数字社会场景应用高效落地未来社区，形成"整体智治、多跨协同、一网统管"的基层治理新格局。

三

把未来装进幸福天堂，杭州打造以人民为中心的幸福家园。从美好愿景到共富实景，杭州用"一站式服务"精细提升群众的幸福感。

未来社区建设，一砖一瓦都关乎民生福祉。

杭州持续推动有条件的小区整合现有资源，通过数字化、智慧化改造和"三化九场景"功能嵌入，增补优质社区公共服务配套，破解城市开发中"重房地产轻人文"的痛点，重塑富有烟火气、人情味的人文社区，把建筑的集合体变成有温度的生活体。

从"造房子"到"造生活"，一批创建项目成效逐步显现，共富基本单元

渐成实景。不用在露天场地"看天"排练，上城区闸弄口街道红梅社区彩虹舞蹈队的刘亚娟如今隔三岔五就要招呼队员们，一同去社区里新投用的"红梅·幸福家"邻里中心练习舞蹈。"场地大、设施好，大伙现在排练的积极性可高了。练完了还能在这里吃饭、聊天、喝茶，一整天都待不够呢。"刘亚娟接受媒体采访时表示。

作为浙江省第四批未来社区创建社区，红梅社区着力破解老旧小区公共空间缺乏的瓶颈，通过与辖区单位党建共建，盘活三里亭苑三区 20 幢原 3 层面积约 2100 平方米的房屋，对此进行拆除重建，打造了集商业、文化、娱乐、体育、教育、养老等功能于一体的小区综合体。

杭州的未来社区创建，让老小区的功能更足、服务更多了，也让次新小区

（摄影：李忠）

住户的心更近更暖了。

作为"网红"未来社区，上城区杨柳郡未来社区的设施配套、数智治理持续领先。社区党支部负责人感到最大的变化是，整个社区的人文互助氛围越来越浓厚了，"杨柳郡社区居民来自全国 15 个省份，以前是典型的'生人社会'。但通过未来社区创建，居民们'以社区为家、在社区当家'的理念日益凸显，服务社区的行动也越来越多了"。

2021 年 12 月，陪伴杨柳郡居民三年之久的"纯真年代"书吧因亏损面临关店，在社区业主们的努力下，书店不仅存活了下来，还变成了居民共享的文化空间，社区居民有什么活动，都会到店里来举行。而社区的商业街区"好街"，截至 2022 年 9 月，已吸纳 70 多家商铺和 20 多个共享空间，后者成为志愿服务阵地，日常提供免费Wi-Fi、共享雨伞等20项高频服务。

杭州滨江区的缤纷未来社区，以缤纷街为轴，设置涵盖以需求为导向的全生命周期生活功能配套，形成缤纷会客厅、缤纷智慧食堂、缤纷社区服务中心、缤纷治理中心、缤纷卫生服务分中心、缤纷潮流健身中心、缤纷幸福学堂七大服务枢纽，描绘出服务需求全覆盖、服务人群全覆盖以及服务响应零延时的未来社区全生活链图景。

从样本到样板，从盆景到风景。如今在杭州，未来小区的建设已初具规模。数据显示，经过三年的实践探索，截至2022年10月，杭州89个未来社区项目被列入省级试点、创建名单，受益居民达134万人。杭州在推进未来社区建设中，打造了一批不同模式、不同类型、不同场景的丰富案例，形成了如党建治理、老幼友好、长效运营、数字赋能等各维度的典型经验，并在浙江省进行复制推广，形成典型示范，获得社会认可。拱墅区和睦社区、余杭区良渚文化村社区等5个社区入选省级未来社区场景运营"最佳实践"案例，占全省总共9个入选社区的半数以上。

2022年5月，浙江省发布了28个首批省级未来社区名单，其中杭州滨江区缤纷社区、上城区杨柳郡社区等11个社区入选，占全省首批命名总数的40%；2022年10月发布的全省首批共同富裕现代化基本单元"一老一小"服务场景的228个社区名单中，杭州有59个社区上榜，数量居全省第一。在浙江省11个地级市中，杭州未来社区建设以创建数量最多、建成数量最多，摘得"双冠"。这意味着，杭州在未来社区共富基本单元建设跑道上，展现出范例城市的头雁风采和领跑姿态。

奋进新时代、建设新天堂，在杭州各具特色的未来社区里，未来呼啸而来，注入这个城市幸福的旋律里。

幸福
日志

一

2022 年，杭州优化为民服务，新增地铁口非机动车停放点 104 处，
新增非机动车停车位 14695 个。

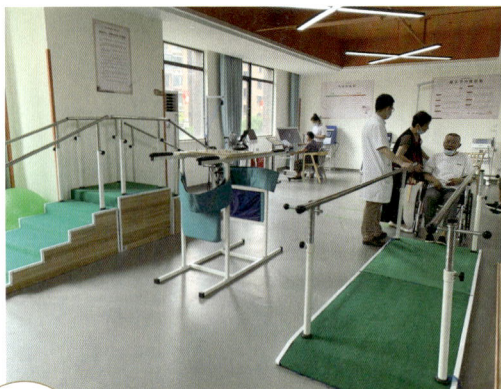
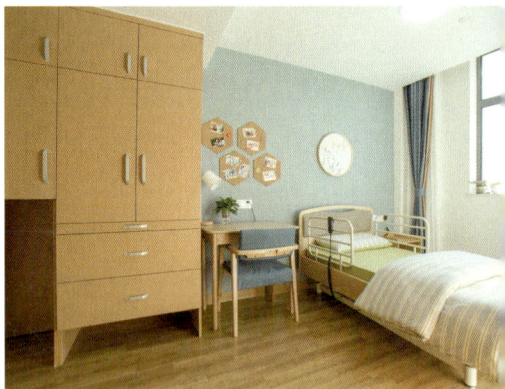

一　为了让老年人得到专业照护，2022 年，杭州新增康养联合体 23 家，新增认知障碍照护专区床位 1370 张。

二　2022 年，杭州市新建成中小学、幼儿园 70 所，新增学位 6 万个，进一步为满足持续增长的适龄儿童入学入园需求夯实了基础。

四　为进一步优化百姓公交出行环境，2022年，杭州市新辟（优化）地铁接驳公交线路50条、城乡公交线路60条。

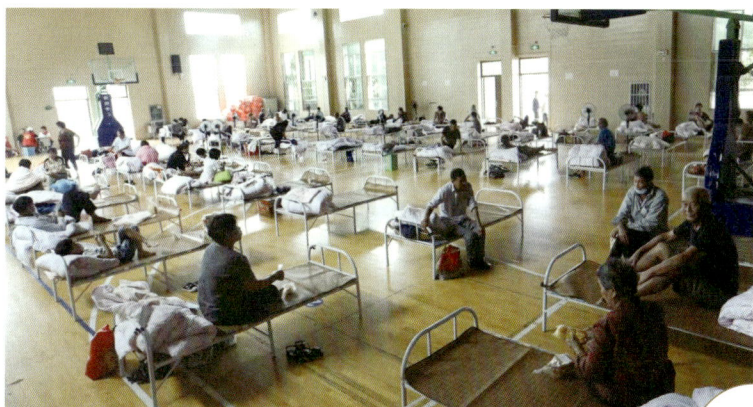

2022年，杭州全力推进民生实事项目避灾安置场所规范化建设，规范化改造避灾安置场所300个。　五

（六）2022 年，杭州新建（改建）应急救护实训基地 20 个，新增应急救护考点 15 个、应急救护实操体验点 50 个、应急救护持证人员 8 万名。

2022 年，杭州提升建设规范化儿童康复机构 10 家、规范化"残疾人之家"26 家，完成重要公共服务场所无障碍改造 138 处。图为在第 32 个全国助残日来临之际，上城区在新落成的弯湾爱生活残疾人社会融合共享体举办"汇爱心 促就业 奔共富"主题活动。（摄影：李忠）

（七）

八

2022 年，杭州新增普惠托位 8238 个，新增社区婴幼儿成长驿站 181 家，提前超额完成实事项目任务。

九

2022 年，杭州 222 个城镇老旧小区完成改造，改造面积约 830 万平方米，惠及住户超 9 万户，居民幸福感大幅提升。

截至 2022 年 10 月，杭州新建社区级公园 64 个，公园覆盖率和均等化水平持续提高。

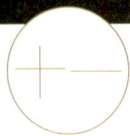

十一 2022 年，杭州新增群众身边体育健身设施 300 处，组织全民健身赛事活动和科学健身指导进社区（村）活动1万场，开放免费或低收费全民健身场地1万片。图为杭州大运河亚运公园。

十二

2022 年，杭州新增公租房货币补贴保障家庭 41568 户，新开工保障性住房 109.93 万平方米，预计可提供房源 15107 套。

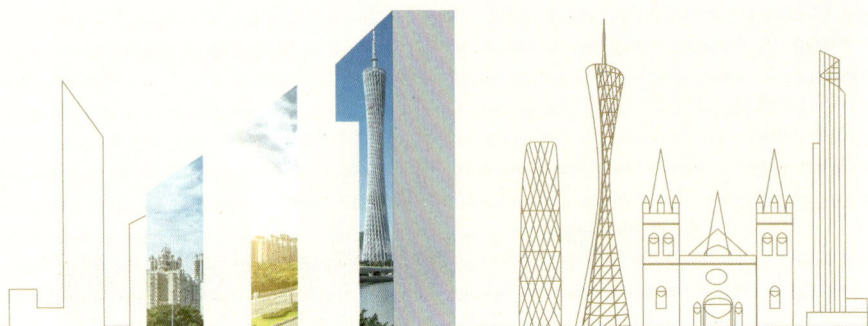

广州

一个活力之城正不断彰显发展的温度、幸福的质感。

广州，简称"穗"，是广东省省会，国家历史文化名城、国家中心城市和综合性门户城市、粤港澳大湾区区域发展核心引擎，国际商贸中心、综合交通枢纽、科技教育文化医疗中心，着力建设具有经典魅力和时代活力的社会主义现代化国际大都市。广州位于珠江三角洲核心区，全市下辖 11 个区，总面积 7434.40 平方公里，2021 年末常住人口 1881.06 万人。广州历史底蕴深厚，城市文化独特，旅游资源丰富，门户功能强大，开放程度较高，经济实力雄厚。

幸福之城"活力"来

关于幸福城市的治理，广州想说的话很多。

2018 年 10 月，中央领导对广州提出"老城市新活力""四个出新出彩"指示要求。2019 年 2 月，《粤港澳大湾区发展规划纲要》发布，广州被赋予新的历史使命：粤港澳大湾区区域发展核心引擎。2022 年 6 月，《广州南沙深化面向世界的粤港澳全面合作总体方案》发布，明确提出广州南沙的战略定位——"立足湾区、协同港澳、面向世界的重大战略性平台"。

云山珠水，城以维新。近年来，广州牢记党中央嘱托，抢抓大湾区建设的战略机遇，鲲鹏展翅，让千年商都焕发新时代的生机与活力。

作为国家中心城市、粤港澳大湾区中心城市和省会城市，广州坚持以人民为中心，以幸福为坐标，以活力为引擎，充分发挥生态、文化、产业、人居等各方面优势，驶上城市幸福发展的快车道，成为 2000 多万市民群众共建共治共享的"幸福家园"。

如今的广州，江海相拥，山水环抱，既有车水马龙、楼宇林立的都市繁华，也有稻花飘香、炊烟袅袅的田园风光；既有 2200 多年建城史的丰厚文化底蕴，也有广州塔、花城广场等时代新貌。

如今的广州，在 7434 平方公里的羊城大地上谱写综合城市功能、城市文化综合实力、现代服务业、现代化国际化营商环境出新出彩的瑰丽华章，一个活力之城正不断彰显发展的温度、幸福的质感。

初心赓续，未来可期，在广州，幸福源头"活力"来。

一

广州幸福之城的活力，来源于不断提升的综合实力。

数据显示，广州的人均GDP已突破2万美元。按常住人口计算，广州人均GDP从2012年的95550元提升至2021年的150366元；按现价计算，2021年是2012年的1.5倍；按平均汇率折算为23307美元，达到世界银行划定的高收入经济体水平。

广州的经济总量占广东省的近1/4。2021年的数据显示，按现价计算，2021年地区生产总值是2012年的2.1倍；2021年，固定资产投资超8500亿元，增长11.7%，年均增长10%。广州的民营经济增加值、社会消费品零售总额、商品进出口总额均超万亿元，国有企业资产总额超5万亿元。

随着我国经济发展进入新常态，广州积极转变发展方式，经济由高速增长阶段转向高质量发展阶段。按可比价格计算，2012—2021年，广州的地区生产总值年均增长7.7%，增速高于全国（6.6%）、全省（6.9%）。

广州如今已形成六个产值超千亿元的先进制造业集群、六个增加值超千亿元的服务行业，战略性新兴产业增加值占地区生产总值比重突破30%。广州还获批建设国家绿色金融改革创新试验区，其碳排放交易中心碳配额现货交易量居全国第一。此外，广州期货交易所揭牌运营，实现了国家级金融基础设施历史性突破。

第三产业已经成为推动广州经济增长的重要力量，占地区生产总值比重继续提升，2021年提高到71.6%。同时，随着"制造业立市"的提出，广州加固了第二产业地位。第二产业占地区生产总值比重在2021年回升至27.3%，2022年上半年回升至28.0%；其中工业占地区生产总值比重从2020年的23.3%回升至2021年的23.8%，2022年上半年回升至24.8%。

就"制造业立市"而言，制定实施《广州市先进制造业强市三年行动计划

（2019—2021 年）》《广州市协同构建粤港澳大湾区具有国际竞争力的现代产业体系行动计划》等政策文件，大力实施广州制造"八大提质工程"；与此同时，加快建设广州人工智能和数字经济试验区，制定《广州市加快打造数字经济创新引领型城市的若干措施》等政策文件，加大传统优势产业数字化改造。

2021 年，广州先进制造业增加值已突破 3000 亿元，达到 3016.50 亿元，占规模以上工业增加值的比重从 2012 年的 58.0% 提高到 59.3%。广州如今已形成智能网联与新能源汽车、数字经济核心产业、绿色石化和新材料、生物医药与健康、高端装备制造、现代都市消费工业等六个产值超千亿元的先进制造业集群，全球"智车之城""世界显示之都""生物医药产业高地"建设蓄势聚力。2019 年，联合国工业发展组织授予广州首批全球"定制之都"案例城市。

高新技术为广州的制造业升级加注了新动能。2021 年，全市高技术制造业增加值 953.80 亿元，2014—2021 年年均增长 13.0%；高新技术企业 11429 家，数量居全国第四位，其中营收百亿级、十亿级、一亿级以上高新技术企业数量分别达到 26 家、297 家和 2007 家。

新兴产业也成为广州经济高质量发展的新引擎。对于经济体量如此巨大的广州来说，难以置信的是，其经济增长近三成的动力竟然来源于新动能。数据显示，2021 年，广州"3+5"战略性新兴产业增加值 8616.77 亿元，占地区生产总值的比重从 2018 年的 30.0% 提升至 2021 年的 30.5%，对地区生产总值增长的贡献率为 28.9%。

在广州，作为"三大新兴支柱产业"的新一代信息技术、智能与新能源汽车产业、生物医药与健康，以及"五大新兴优势产业"中的数字创意产业，规模均已经在 1500 亿元及以上。其中，数字创意产业的规模从 2018 年的 600 亿元提升至 2021 年的 1500 亿元。新一代信息技术，已形成网易、酷狗等年营业收入超百亿元的五家互联网龙头企业。而在新能源车赛道上，广汽埃安等自主品牌的造车新势力表现强劲。新型显示产业产能持续释放，年产值已超 2000 亿元。

新兴产业发展亦后劲十足。广州制定实施加快 5G 应用创新发展三年行动计划，成为全国首个获批创建区块链发展先行示范区的城市，2021 年累计建成 5G 基站 6.5 万座。超视界、乐金显示 OLED、广汽智联网、粤芯芯片、科大讯飞、百济神州等一批引领性好、带动力强的产业投资项目已陆续建成投产，为广州经济高质量发展聚力蓄能。

广州如今经济总量超过 2.8 万亿元，城乡居民人均可支配收入年均增长 7.9% 和 10.0%。值得一提的是，广州城乡居民人均可支配收入差距进一步缩小，推动形成更加协调、更有效率的城镇化格局。数据显示，广州城乡收入比由 2012 年的 2.49：1 缩小至 2021 年的 2.15：1。

城市综合实力显著提升，为广州这座城市的活力奠定了坚实基础。这里拥有南方电网、南方航空、广汽集团等全球优秀企业，拥有广交会、"读懂中国"国际会议、从都国际论坛等对外交流合作平台，拥有奋斗圆梦的广阔舞台、投资创新的沃土，正焕发出崭新的活力。

二

广州幸福之城的活力，来源于持续深化的改革开放。

自先民在广州砌起第一块城砖开始，开拓者的精神就深深地扎根在这片向海而生的土地上，千年不绝。这里不仅诞生了中国第一家外资银行和保险公司、第一批五星级酒店、第一家超级市场等多个全国第一，还诞生了微信、全球第一架载人无人机、全球最快超算机之一的"天河二号"等。

广州以有力的政策支撑以及良好的基础和环境，推动了开放型经济稳步发展，经济水平明显提升。2021 年，全市商品进出口总值达 10824.94 亿元，2012—2021 年年均增长 4.3%，其中出口总值为 6311.26 亿元，年均增长率达到 6.1%。而且，出口结构持续优化，高新技术产品出口额从 2012 年的 709.2 亿元增至 2021 年的 997.8 亿元。服务贸易方面，广州有五个国家级特色服务出口基地，数量位居全国前列，2021 年全市服务进出口额约 500 亿美元。

花海（摄影：尹金山）

在区域合作方面，广州加强纵深推进。比如，加快落实与港澳规则衔接的 72 个事项，"五乐计划"为港澳台青年提供精准服务；深化广深"双城"联动，国家、省实验室共建，产业合作取得重要进展；广佛、广清、广湛合作扎实推进。

同时，按照国家和广东省的部署要求，广州坚持对标最高最好最优，营商环境优化不断交出新成绩。2019—2020 年，连续两年在国家营商环境评价中排名前列，全部 18 个指标获评全国标杆；连续两年在广东省营商环境评价中排名第一，获得社会各界的广泛认可。

2022 年，广州以"激发活力"为主线启动营商环境 5.0 改革，建设首批国家营商环境创新试点城市；持续深化"放管服"改革，清理规范市级行政审批事项 282 项，商事制度等 18 项改革工作获国务院督查激励；市场主体突破300 万户，比 2016 年增长一倍，其中本土世界 500 强企业新增三家，累计达到五家。

持续深化的改革开放，让广州的门户城市功能明显增强。广州全力打造世界级空港、海港、铁路枢纽，为城市发展注入强劲动力，推动交通"流量"转化为经济"留量"。

航空方面，2021 年，广州客运量达 2.20 亿人次，货运量达 9.82 亿吨，均居全国前列。其中，白云机场旅客吞吐量蝉联全国首位，货邮吞吐量突破 200万吨，创历史新高，在全国机场中居第二位，国际及地区货邮吞吐量同比增幅超 20%。

广州进一步提升港口、航道等基础设施服务能力，充分发挥湾区港口群比较优势。2021 年，在新华·波罗的海国际航运中心发展指数排名中，广州跃升至第 13 位。广州港深水航道拓宽工程、南沙港区三期、南沙国际邮轮母港投入使用，使 2021 年广州港口货物吞吐量、集装箱吞吐量分别达到 6.51 亿吨和2446.65 万标准箱，上述指标连续两年分列全球第四位、第五位。

陆地交通枢纽作用也不断强化。广州高水平构建了四通八达的铁路、城市轨道交通、城际网线，高铁班次、广州南站客流量均居全国首位。数据显示，2021年广州地铁线网总里程突破600公里，其中地铁线路589公里，运营线路里程在全国名列前茅。

同时，广州优化并提升了国际商贸中心功能。例如，通过加速打造国际会展之都，广州大力拓展广交会等品牌展会的影响力和辐射面。2021年，全市重点场馆举办展览388场次，展览面积683.81万平方米。其中，各专业展馆举办的经贸类展览209场次，展览面积666.92万平方米，场次和面积稳居全国第二位。以广交会展馆为例，该展馆全年办展面积合计462万平方米，居全球单馆办展面积首位。

自2014年开展跨境电商零售进口业务以来，广州跨境电商零售进口规模已连续8年位居全国第一，并率先出台全国首个跨境电商RCEP（《区域全面经济伙伴关系协定》）专项政策《广州市把握RCEP机遇促进跨境电子商务创新发展的若干措施》，打造全国首个跨境电商公共分拨中心。

可以说，改革开放给广州带来沁入骨髓的活力，由此产生的创造力和创新力让广州的幸福感更为充盈。

在广州，还有持续迸发的创新活力。

一方面，国家战略科技力量布局实现了重大突破。比如，广州推进实施创新驱动发展战略，持续加大科技投入，布局科技创新轴，提升了区域竞争格局。比如，广州实验室、粤港澳大湾区国家技术创新中心挂牌运作，人类细胞谱系、冷泉生态系统列入国家专项规划。2020年6月，广州被中国科协确定为"科创中国"首批试点城市。截至2021年，广州已有21家国家重点实验室，256家省级重点实验室，195家市级重点实验室，在穗工作的两院院士和发达国家院士120人。

另一方面，广州的创新生态环境得到明显优化。广州成功创建首批国家知识产权强市，同时，广州的科技信贷风险补偿资金池撬动银行发放企业贷款累计470亿元。2021年度广州"独角兽"创新企业榜单显示，有16家广州企业入选"独角兽"企业。技术交易在广州也十分活跃，2021年广州技术合同登记成交额达2413.11亿元，居全国第三位，连续四年居广东省首位。

如今广州对标世界一流科学高地，科学规划，举全市之力打造以广州人工智能与数字经济试验区、南沙科学城、中新广州知识城、广州科学城"一区三城"为核心的"科技创新轴"空间布局，连接全市域科技创新关键节点，加速高端要素和科创资源集聚流动，以此构建全链条创新发展路径。

三

广州幸福之城的活力，来源于扎实推进的城市治理。

让人民幸福，就要坚持人民城市人民建、人民城市为人民，就是要多谋民生之利、多解民生之忧。广州坚持人民主体，以全民普惠共享提升幸福生活品质，努力实现群众的"钱袋子"鼓起来、生活环境靓起来、交通出行顺起来，以共建共治共享的高品质发展回应城市对幸福的向往。

广州扎实推进城市治理。比如，在智慧城市建设方面，发布全国首个城市信息模型平台；城市运行管理中枢"穗智管"对接了115个业务系统；政务服务平台"穗好办"上线便民服务事项超过2000项，与省内所有地市、省外17个城市"跨域通办"事项近9000项；"12345"热线入选首批国家级社会管理和公共服务标准化试点典型案例。

"青山就是美丽，蓝天也是幸福。"北回归线上的广州，珠水穿城过，一直有"六脉皆通海，青山半入城"的美誉。近年来，广州深入贯彻落实习近平生态文明思想和"绿水青山就是金山银山"理念，牢固坚实地推进超大城市治理和生态环境保护，以"绣花"功夫开展老旧小区微改造，留白增绿、还绿于民深入推进，PM2.5平均浓度保持国家中心城市最优，全市建成各类公园1200个、碧道821公里，拥有全国最长的城市空中花廊天桥绿化带，人均绿地面积全国第一，成为"最绿"城市。

同时，广州的污染防治取得了历史性成就，完成第一轮中央生态环保督察问题整改。在环境空气质量改善方面，继续全面达标，2021 年全市空气质量达标天数比例为 88.5%，PM2.5 年平均浓度 24 微克/立方米，连续五年稳定在较低浓度水平，在国家中心城市中保持最优。数据显示，广州全市十个城市集中式饮用水水源地水质达标率自 2011 年起保持 100%；2021 年，地表水国考、省考监测断面水质全部达标。

用心用情用功推进城市治理，广州的目的只有一个：增进民生福祉。近年来，广州抓住城市发展的本质，持续厚植民生福祉。

广州在基本民生保障领域的有力推进，取得了显著成效。除了每年按时保质完成十件民生实事之外，"粤菜师傅""广东技工""南粤家政"三项工程羊城行动实效显著，截至 2022 年 1 月，累计新增城镇就业 163.83 万人。广州的基本养老服务体系建设经验已获全国推广，截至 2022 年 1 月，建成保障性安居工程 12.05 万套，筹集保障性租赁住房 17.1 万套，新增住房保障 13.2 万户，旧楼加装电梯也完成 1.23 万台。

作为海上丝绸之路发祥地、近现代中国革命策源地、岭南文化中心地，广州有 2200 多年的文脉绵亘，人文蔚兴。广州深知，精神上的获得感是深入人心的幸福，因此积极推进文化的传承与创新。

近年来，广州坚持以文化人、以文惠民，文化综合实力稳步提升：完成中共三大会址、农讲所纪念馆等红色场馆改造提升；加快建设省"三馆合一"、市"三馆一院"，粤剧艺术博物馆、南汉二陵博物馆、广州华侨博物馆建成开放；新增四个国家级非遗项目、四处全国重点文物保护单位；传承发展粤剧等岭南文化，40 余部文艺作品获"中国戏剧奖·梅花表演奖"等国家级奖项，《点点星光》《掬水月在手》《南越宫词》《中国医生》等先后获中国电影金鸡奖及提名奖；国家级文化产业园区（基地）增至 22 个，文化产业增加值年均增长 13%；奥运会、亚运会、全运会金牌及奖牌数均居全国前列……

广州通过高质量文化供给，增强市民的幸福感。这主要体现在：城市的公共文化服务得以持续地、有质量地提升。在广州，文化事业得到大力发展，文化场馆建设持续发力，"图书馆之城""博物馆之城"等建设均全国领先，广州图书馆、少儿图书馆跻身世界公共图书馆前列，广州文化馆新馆、广州美术馆、广州粤剧院新馆、白鹅潭大湾区艺术中心等文化地标群也呼之欲出。"羊城之夏""广州艺术季"等文化品牌活动深受市民喜爱，广州已建成近 2000 家公共文化空间，基本形成城市"10 分钟文化圈"和农村"10里文化圈"。

教育方面，一方面，广州的基础教育得到普惠均衡发展。数据显示，2021年，广州市普通中学在校生达 56.96 万人，比 2012 年增加 1.89 万人；普通小学在校生 116.44 万人，增加 34.18 万人；在园幼儿 63.32 万人，增加 24.98 万人。全市公办幼儿园、普惠性幼儿园在园幼儿占比提高到 53.43% 和 88.18%。新增公办基础教育学位 32.34 万个，11 个区均建成全国义务教育发展基本均衡区。小学、普通中学教师平均每人负担学生数分别为 17.92 人、12.08 人，均比 2012 年有所降低。

另一方面，广州积极发展高等教育，为高质量发展提供了充足的人才支撑。广州地区五所高校 18 个学科入选"双一流"；在校大学生数量多年来居全国主要城市之首，2021 年，广州普通高等学校在校学生超过 155 万人；普通高等学校研究生毕业生从 2012 年的 2.03 万人增加至 3.38 万人，十年累计 25.27 万人；本专科毕业生从 2012 年的 23.69 万人增加至 31.98 万人，十年累计 276.61 万人。

与此同时，广州通过加强与国外和港澳地区交流合作，积极打造粤港澳大湾区国际教育高地。2022 年 6 月，教育部正式批准香港科技大学（广州）设立，建成投入使用的香港科技大学（广州）将在 2023 年招收港澳台本科学生。2022 年 8 月底，华南理工大学广州国际校区二期工程第一批次建设的公共教学楼、学生宿舍、体育馆、图书馆等陆续交付使用，学校顺利开学。

健康是民生之需。广州顺应人民对美好生活的向往，不断聚焦人民群众"急难愁盼"问题，从解决"有没有"到解决"好不好"。数据显示，党的十八大以来，广州市卫生健康事业获得长足发展，居民人均预期寿命从 2012 年的 79.41 岁提高至 2021 年的 83.18 岁，主要健康指标基本达到发达国家水平。

2021 年 12 月，《广州市人民政府关于实施健康广州行动的意见》出台，提出 20 项主要任务，并指出，广州将通过推进多项措施提升广州居民主要健康指标水平，建立一体化的健康服务体系。而且，广州的人均基本公共卫生补助经费已经从 2010 年的 25 元提高到 2020 年的 79 元，服务项目也增至 29 类。同时，广州还大力推进医疗卫生与养老服务融合发展以及三岁以下婴幼儿照护服务。

在公共卫生方面，广州市也积极推进高质量发展，把深化公共卫生体系改革放在优先发展的战略位置。2021 年底，广州市在全国率先建立起政府主导、专业支撑、部门协同、全社会参与的四级公共卫生委员会管理体系。各级公共卫生委员会各司其职，作为统筹、组织和协调各方资源的工作平台，以"将健康融入所有政策"为工作方针，为维护人民健康提供有力保障。其中，镇（街道）作为落实公共卫生工作的关键一环，成为公共卫生委员会建设的重中之重。

2022 年 9 月 16 日，广州市妇女儿童医疗中心增城院区启动运营，广州地区优质妇儿医疗资源"上新"，给华南医疗高地建设再添一笔。作为国家儿童区域医疗中心（中南）的院区之一，该院区规划床位 1000 张，服务群体将覆盖大湾区、辐射华南地区。除了国家儿童区域医疗中心（中南）之外，国家呼吸医学中心也已落户广州，并且，广州有九家医院进入 2020 年全国百强医院，13 家医院入选省高水平医院建设名单。

广州还积极引导优质医疗资源向外围城区辐射。截至 2022 年 10 月，中山大学附属第三医院岭南医院、广州市第一人民医院南沙院区二期工程、广州市增城区中心医院、广州市中医医院同德围分院、南方医科大学南方医院白云分院、广州呼吸中心等陆续建成投入使用。同时，广州按照"一街道一中心、一镇一院、一村一站"完善基层医疗卫生服务网络，打造了城区 15 分钟、农村 30 分钟医疗卫生服务圈。

新活力，新出彩，绘就了广州的幸福画卷。

幸福
日志

一

广州黄埔东路（万科·黄埔仓）口袋公园吸引了众多市民前来赏玩。2022年，全市共建设 30 个口袋公园。

2022 年 10 月，广州市红十字会城市救援服务队（志愿者）在白云山山顶广场对游客开展应急救护知识宣传。广州市红十字志愿者常年在该景区开展应急救护知识宣讲，已坚持近 5 年。

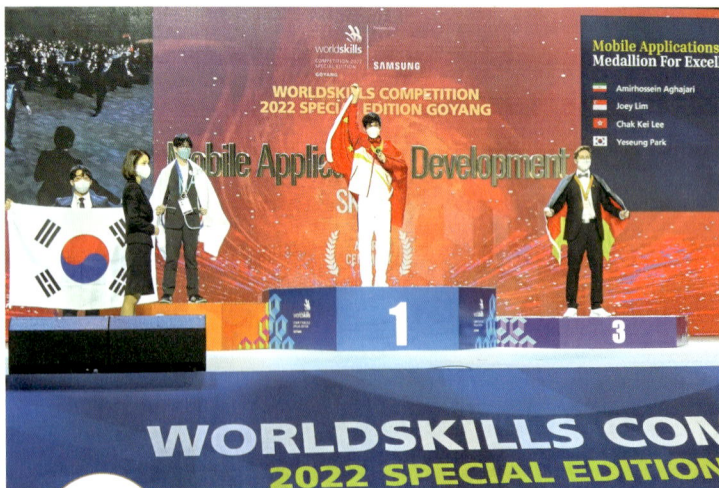

广州市工贸技师学院选手杨书明（中）获得 2022 年世界技能大赛移动应用开发项目金牌。广州技工教育品牌影响力显著提升，现代技工教育"广州模式"在全国推广。

四

广州文化馆新馆是目前全国体量最大的文化馆之一。新馆位于海珠湖东北侧地块，构成了"一馆一园"和"景中有园"的岭南园林景致，历史文化韵味浓厚。

五

2022 年 7 月，"粤韵广州塔 名家周末大舞台"惠民演出精彩呈现。该惠民演出系列活动是广州市最高端的粤剧惠民演出，已成为广州夜间消费精品活动之一。

六　越秀区六榕街旧南海社区是广州近代集合住宅的典型代表和体现"最广州"特色的社区。其坚持用"绣花"功夫开展微改造，打造独具广府味和街坊情的特色街区，让老城区焕发新活力，实现居民生活的幸福蝶变。

七 截至2022年10月，已建成的6个新时代驿站串珠成链，成为一道独特的风景线。驿站开展一系列便民惠民群众文化活动，成为市民游客新的网红"打卡"点。图为海珠区阅江路新时代驿站群。

八 针对港澳青年创新创业需求，提供24小时免费空间及配套设施、创业孵化等服务。图为天河区港澳青年之家总部创业基地内景。

九

珠江琶醍啤酒文化创意艺术区连续三年承办"Young城Yeah市·点靓生活"广州夜消费启动仪式，积极推动全市夜间消费各类主题活动，叫响了广州夜经济复苏的旅游品牌。

十

广州开展的校园劳动教育，各区各校特色鲜明，劳动内容和成果有趣、有料、有意义。图为2022年8月的营地插秧劳动实践体验活动。

红山村大力发展乡村文明旅游、生态旅游，在引领带动梯面乡村振兴方面走在了第一方阵队列，揽获全国文明村镇、中国乡村旅游模范村等称号。图为广州花都梯面镇红山村。

广州垃圾分类主题宣传活动走进各区，简单有趣的互动"打卡"和科普游戏受到众多市民的欢迎。

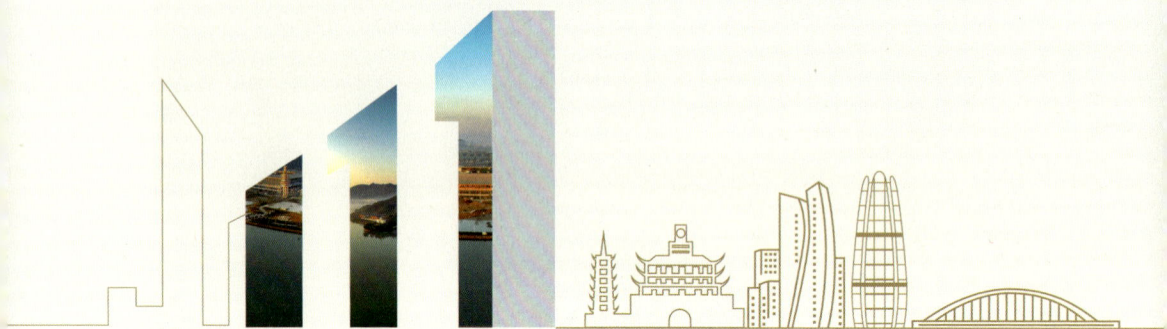

宁

波

文明让城市更美好，美好让城市更幸福。

　　宁波，简称"甬"，是浙江省辖地级市、副省级市、计划单列市，国务院批复确定的中国东南沿海重要的港口城市、长江三角洲南翼经济中心。截至 2021 年，全市下辖 6 个区、2 个县，代管 2 个县级市，总面积 9816 平方公里，常住人口 954.4 万人，城镇人口 748.25 万人，城镇化率 78.4%。2021 年，全市实现地区生产总值 1.46 万亿元，居全国第 12 位；一般公共预算收入 1723 亿元，居全国第 10 位。

文明让城市更幸福

宁波的幸福，有一种从容。

从容，源自文明有礼。这里的全民阅读、公筷使用入法入规，礼让斑马线成了时尚；这里率先在全国提出打造"席地而坐之城"，随地而坐，不沾灰尘；这里是盛产好人的"爱心之城"，拥有 17 名全国道德模范及提名奖获得者、114 名"中国好人"；这是一座"全域文明之城"，城乡同行，在幸福路上共享文明……

高分蝉联全国文明城市"六连冠"的宁波，在全国率先提出争创全国文明典范城市的目标。

在宁波看来，打造全国文明典范城市不是"另起炉灶"，而是在现有的全国文明城市基础上，标准更高、要求更严、措施更实，向着文明程度领先、经济高质量发展、文化繁荣厚重的目标迈进，让群众的幸福感更强。

为此，宁波出台《宁波市建设全国文明典范城市三年行动计划（2021—2023 年）》，制定 228 项具体工作标准，计划通过三年努力，使市民文明素质和城市文明程度显著提高，让宁波的发展质量、民生服务、文化建设、城乡环境、社会和谐、生态文明等走在全国前列，打造"在宁波，看见文明中国"城市新品牌。

宁波还将全国文明典范城市创建纳入"十四五"发展规划，努力打造具有显著的创建带领力、价值引领力、区域辐射力和国际影响力的文明城市范例。

文明让城市更美好，美好让城市更幸福。宁波坚持"高标准、常态化，你我他、齐动手"，全力建设信仰坚定、崇德向善、文化厚重、和谐宜居、人民满意的文明城市，为城市的幸福提供坚实的文明之治。

一

宁波的文明之治，在"信仰坚定"上下功夫，让社会主义核心价值观浸润这个文明之城，并在实践中确保创建工作朝着正确的方向前进。

"我们所在的朱敏村，原来叫乌岩村，新中国成立后为了纪念在解放前夜牺牲的朱敏烈士而改名……"在海曙区横街镇革命史迹陈列馆内，"00后"大学生李宇华深情讲述朱敏村的红色故事，她身旁的中小学生听得聚精会神。2022年，宁波各地广泛开展红色研学、社会实践、志愿服务等丰富多彩的爱国主义教育实践活动，让青少年在社会主义核心价值观的滋养中健康成长。

在宁波慈溪，小小的巴士车厢化身一个个流动的幸福讲堂，"幸福巴士"把理论宣讲与惠民服务、情景体验相结合，打造车轮上的微党课，推动党的创新理论"飞入寻常百姓家"。目前，"幸福巴士"已开出1900余辆，常态化开展幸福体验活动3000余场，参与志愿者达3万人次，累计惠及群众90余万人次，让幸福感真正"可讲可看可参与"。

富强、民主、文明、和谐，自由、平等、公正、法治，爱国、敬业、诚信、友善——在创建全国文明典范城市中，宁波始终抓住培育和践行社会主义核心价值观这个凝魂聚气、强基固本的基础工程，落细落小落实，使社会主义核心价值观像空气一样无所不在、无时不有，入脑入心，见言见行，在市民的日常生活中落地生根。

宁波贯彻弘德立法新理念，把社会主义核心价值观落实成为法治的依据、行动的遵循。提升餐桌文明素养，培养健康生活风尚，以"小礼仪"带动"大文明"。2022年6月，宁波市十六届人大常委会第三次会议表决通过《宁波市公筷使用规定》，规定在餐饮服务场所，两人以上合餐时应使用公筷，据了解，这是目前已知的全国第一部公筷立法。

通过《宁波市公筷使用规定》，宁波希望以"小餐桌"捍卫"大健康"，以"小礼仪"带动"大文明"。在相关立法方面，宁波完成了《宁波市志愿服务条例》修订工作，充分调动社会各界积极参与志愿服务活动，并修订《宁波市再生资源回收利用管理条例》，推进绿色低碳循环发展的生态文明地方立法。

除了立法层面，宁波还积极推进法治文化阵地建设，建成县、镇、村三级法治文化示范阵地676个，创立29个法治宣传教育基地，50家特色法治文化场馆，在法治与德治的交响中，树立法治信仰、凝聚核心价值。

从实践上看，宁波实现了新时代文明实践中心（所、站）全覆盖。

宁海把每月20日设为新时代文明实践日，推出文明实践集市，筛选出群众需求集中、受欢迎程度高的志愿服务项目，安排相应摊位进行展示，将服务精准便捷高效地送到基层、融入群众生活。进校园、进景区、进爱国主义教育基地、进科普场馆、进道德模范工作室……如今，文明实践集市的服务触角正不断向基层延伸。

例如，全国首个中央音乐学院新时代文明实践音乐中心落户宁波，利用"鄞铃"文艺微宣讲等平台，以文艺形式传播新思想，让身边人说身边事、用百姓话说百姓事，丰富传播手段、创新话语表达、提升百姓参与文明实践的积极性，目前已宣讲1200多场次。越来越多的体验式、参与式、互动式宣讲，使文明实践更接地气、更具活力、更有温度，让党的创新理论更好地深入基层、落地生根。

在2022年召开的宁波市第十四次党代会上，"构建全面覆盖、富有实效的新时代文明实践体系"被写入大会报告。宁波扎实推动慈溪市、奉化区、象山县三个全国试点和鄞州区、余姚市、宁海县三个省试点建设，不断延伸"神经末梢"，打造覆盖全市的新时代文明实践中心（所、站）体系。

截至2022年9月，宁波市已建成十个县（市、区）新时代文明实践中心、156 个街道（镇乡）实践所、2768 个村（社区）实践站，基本实现全覆盖。此外，全市在爱国主义教育基地、公共文化场所、文明单位、新经济组织和新社会组织等设立实践点（基地）5224 个，在交通站点、商业街区、公共广场等创新建设新时代文明实践志愿服务"We 站"100 余个，构建了"中心、所、站、点（基地）"四级框架体系，形成了群众身边的文明实践阵地网络。

与此同时，宁波积极打造新时代文明实践精品线，将地域相邻、文化相近、生态相似、经济相融的镇街村社串"点"成"线"，着力盘活沿线资源、提升阵地效能、深化三项行动，在共建共享中提升文明实践工作实效。截至 2022 年 9 月，宁波已初步打造"五彩四明""绚丽浙东""斑斓海岸""多姿三江"等四种类型 40 余条新时代文明实践精品线，成为沿线群众共建共享的风景线、文明线。

二

宁波的文明之治，在"崇德向善"上下功夫，让文明的力量演绎成为这座城市崇德向善、精神富有的大爱乐章。

365 天"在岗"，24 小时"开机"，被 100 多位孤寡老人当成"亲儿子"，带领 1200 多名志愿者为雪域高原、偏远山区等送去光亮……2022 年，中宣部授予钱海军"时代楷模"称号。宁波这位"灯暖千万家、奋进共富路"的新时代劳模代表，心念百姓"小事"、胸怀"国之大者"，用实际行动展现共富路上"一个都不能少"、奋进路上充满温暖的宁波最美风尚。

宁波坚持以人的现代化为核心深化精神文明建设，厚植道德沃土，发挥榜样力量，弘扬向上向善的时代文明新风，"爱心宁波·尚德甬城"品牌熠熠生辉。

一方面，宁波以培育和践行社会主义核心价值观为主线，以"我推荐、我评议身边好人"为抓手，构建覆盖全社会的道德荣誉体系，多角度挖掘"精神富矿"，立体式展现"鲜活事迹"，讲好道德典型故事，让道德典型成为群众眼中的"明星"，引导市民向模范学习，争做崇高道德的践行者、文明风尚的维护者、美好生活的创造者。

2022年，"宁波车主挡路救护幼童"的暖心视频网络浏览量超2亿人次；以宁波道德典型为原型的报告文学《万家灯火》《时代点灯人》、电视剧《春天里的人们》、电影《甬城之爱》深受读者观众喜爱；"8090"道德典型宣讲团开展"五进"宣讲135场……

另一方面，礼遇榜样模范，弘扬道德风尚。全市各地建立健全了关爱道德模范工作常态机制，制定并实施了《宁波市道德模范礼遇管理办法》，树立起了"以德为先"的文明风向标。

全市统筹政府部门、企业、其他社会力量成立23个好人基金，募集资金1400万元，帮助道德典型开展支教、扶贫、助残等活动，推出住房、就业、养老、维权、医疗保险等帮扶政策。宁波还拓展渠道，加大道德典型礼遇，推荐担任"两代表一委员"，邀请参加重大纪念日、重大节庆活动，同时推出地铁"道德

市民在荷花盛开的公园里晨跑

荣誉卡"、就医"绿色通道"、商场优惠、疗养休养、"甬宁保"保险等礼遇举措，切实让道德典型得到尊崇礼遇，在全社会营造德者受尊、好人好报的浓厚氛围。

从"小巷总理"到"大国工匠"，从"支教奶奶"到"挡刀女孩"，截至2022年7月底，宁波共有全国道德模范及提名奖17例、浙江省道德模范22例，推评入选"中国好人"114人、"浙江好人"309人、"宁波好人"1171人，学习好人、礼遇好人、争做好人蔚然成风。

"在宁波这座文明之城，我们能处处感受到对道德模范的尊重和礼遇。"全国道德模范、北仑第三集装箱码头有限公司桥吊班大班长竺士杰告诉媒体，"我将积极弘扬社会主义核心价值观，发挥自身优势，共同推动宁波公民道德建设。"

每年深秋时节，总有一份特别的爱"汇"至甬城。"顺其自然"向市慈善总会匿名捐款金额已达1363万元。"大爱无声声自远"，与此同时，越来越多的宁波人成为"顺其自然"的同行者。近年来，有5000余人次向市慈善总会隐名捐款，总额超过5000万元。《人民日报》为此曾刊发评论点赞："一年一度的如期而至，灾害关头的定向捐赠，匿名爱心人士的不断涌现……涓滴善意，汇聚起一座城市的温度，在一次次'默默无闻'中成就着大写的慈善。"

整洁的房间、雪白的墙面、温暖的床铺……2021年底，在余姚市陆埠镇干溪村，受助儿童张奇奇（化名）家里原本灰暗散乱的房间变得明亮整洁了。和奇奇一样，余姚共有80多名困境（留守）儿童得到了"童馨乐园·书房改造"公益项目的帮助，拥有了舒适明亮的书房。失独家庭是社会中的一个特殊群体，在奉化区，"青鸟探巢"项目组志愿者通过居家养老、医疗服务、日常护理、精神慰藉等一系列暖心举动，帮助失独老人缓解精神上的空虚和孤独感，让他们感受到社会的关心和爱护。

志愿服务是社会文明进步的重要标志。宁波的志愿服务工作在创新中发展，制度化、社会化、专业化建设取得显著成效。200多万名志愿者、1.4万个志愿服务组织让"志愿红"温暖全城，涌现出29个全国志愿服务"四个100"先进典型。宁波的志愿者、志愿服务组织、志愿服务工作者弘扬和践行社会主义核心价值观，走进社区、走进乡村、走进企业、走进基层，为他人送温暖、为社会作贡献，让文明宁波的幸福底色更加动人。

在宁波的文明实践中，志愿服务犹如连心桥，真正打通宣传群众、教育群众、引领群众、服务群众的"最后一公里"。象山县有4万余名渔民，远洋捕捞的渔民会遭遇外伤、硫化氢中毒、食物中毒等危险。象山县红十字台胞医院医疗健康集团开展"万家渔活"志愿服务，帮助渔民提升海上自我医疗应急能力，相关的意外伤害数据连年降低。慈溪市创新打造"一起寻人"走失人员搜寻志愿服务应用场景，通过接入专业搜救志愿服务组织，打通多个部门数据资源，实现精准高效搜寻。

三

宁波的文明之治，在"和谐宜居"上下功夫，让人人参与、共建共享的文明实践融入以人民为中心的发展思想，加快建设现代化滨海大都市和共同富裕先行市。

宁波推进公共服务优质共享，实施"甬有善育、甬有优学、甬有健康、甬有颐养、甬有安居、甬有保障、甬有温暖"行动，培育七张幸福民生品牌：

——"甬有善育"，让在群众家门口的幼托机构普及普惠，让公共场所的母婴室舒适温馨，让生育变得越来越友好。

——"甬有优学"，努力办好每一所学校，教育条件保障水平、教育公平水平居全国前列，义务段学校课后服务全覆盖。

——"甬有健康"，攻坚"医学高峰"，振兴"甬派中医"，让市民拥有优质医疗条件，让全民健身蓬勃兴起。在东京奥运会上，宁波运动员获得五块金牌，居全国城市之首。

——"甬有颐养"，连续15年把养老服务列入民生实事，160万名老年人享受城市适老化改造福利。

——"甬有安居"，完善住房保障体系，推进老旧小区改造，"一城一策"精准调控房价，人均住房面积居全国第四位。

——"甬有保障"，提高社会保障水平，率先推出200多项保险创新项目。

——"甬有温暖"，打响"尚德甬城·爱心宁波"品牌，涌现了"中国好人"114人、"浙江好人"309人。

宁波"共享花园"项目入选首批"浙江有礼"省域文明新实践为民办实事项目。

所谓"共享花园"，是指通过微创意、微改造，由居民自己动手，把小区卫生死角、"城市伤疤"变成共建共享的花园，以此提升小区环境、增进邻里关系、促进社区治理。

在打造"共享花园"过程中，一方面，由社区党组织牵头，相关部门提供技术支持，发动社区能人、文创团队、高校师生、辖区单位等参与众筹、设计、改造，以共建促共享；另一方面，汇聚文创团队、居民群众的奇思妙想，深入挖掘街巷、小区的历史文化，因地制宜、就地取材，以微创意促进微改造，以小投入实现大变化。

一场"创意点亮城市角落"行动在宁波全市老旧小区、背街小巷悄然进行，甬城百姓不约而同以各种方式"种"下"共享花园"。与其说这些创意扮靓城市的"面子"，倒不如说，它们做实了一座城市文明的"底子"。

在陈婆渡这个建成18年的拆迁安置小区里，已打造了九个"共享花园"，总面积达1400平方米，是宁波鄞州区"共享花园"最多的小区，角角落落焕然一新。如今，花园渐渐发展成了社区共商共议的平台，鼓励居民集思广益，参与社区自治。比如，垃圾分类、外墙粉刷、道路"白改黑"、设立健身点等事关居民生活的大小事，都会在"共享花园"里商议。除了议事厅，"共享花园"还延伸出了小课堂、音乐角、图书馆等多种功能，居民不仅是"花匠"，还是社区的平安宣传员、邻里互助员和文明劝导员等。

实施"最干净城市"三年行动，让"洁净"成为宁波文明城市的底色。

从 2021 年起，宁波再一次"自我挑战"——提出打造"最干净城市"。通过实施《宁波市全面打造"最干净城市"三年行动实施方案》，开展"最干净"指数测评，推动公共广场、农贸市场、公共厕所等人流最为密集之所"见底色""亮本色"。

"十一国庆合家欢，多吃鸡蛋不上班""白贝蛭贝北极贝，戴紧口罩小宝贝"，于 2021 年完成"华丽变身"的鄞州区福明菜场，"接地气"的风趣标语吸引"90 后""00 后"年轻市民前来打卡。菜场干净整洁，运用四级防水系统，实现干湿分区布局。

2021 年是宁波农贸市场改造提升三年攻坚行动的收官之年。这三年里，宁波累计投入资金 10.03 亿元对全市农贸市场进行改造或提升，基本实现了城区二星级及以上文明规范农贸市场覆盖率 100%、全市乡村一星级以上文明规范农贸市场覆盖率 100% 的目标，推动宁波农贸市场整体水平迈入全省前列。

2022 年 10 月，宁波青林湾公园等 38 个创建区域被命名为第四批宁波市"席地而坐"城市客厅示范区域。"席地而坐"的颜值标准线是"随时随地坐下来，身上衣裤不会弄脏"。至此，宁波已有 105 个"席地而坐"城市客厅示范区域，超额完成三年工作目标。

干净美观是城市环境的基础，是民生幸福的里子，更是文明城市的底色。"席地而坐"是城市的小细节，菜市场是民生的小窗口，却是宁波文明程度和治理能力的最好折射——更高水平的文明城市，始于更精细的治理。只有如绣花一样修饰每一个城市细节，才能建成真正的文明城市、人民城市。

四

宁波的文明之治，在"文化自信"上下功夫，坚持精神富有、文化先行。

宁波的"宁"字，宁静致远。宁波人说，这是宁波的幸福气度。"书藏古今"的深厚积淀，让宁波多了份创造幸福、感受幸福的自信。

守护生物多样之美，宁波娃娃在行动

这里有赓续千年的文脉流长。8000年前的井头山遗址见证了中华海洋文明起源，亚洲最古老藏书楼"天一阁"矗立起城市的精神地标，王阳明、黄宗羲、沙孟海、屠呦呦等乡贤蜚声海内外，120位甬籍两院院士让"院士之乡"的美誉声名远播。

这里有传扬万里的文明互鉴。唐宋时期，宁波即是中国文化传播的重镇。今天，索菲亚中国文化中心、东亚文化之都搭起文明交流的桥梁，海丝"活化石"继续扬帆世界。

这里有自觉自信的文化先行。宁波在全国率先提出打造"15分钟文化圈"，首创"艺术振兴乡村""艺术振兴社区"模式，大小博物馆遍布城乡，

"一人一艺"全民艺术普及工程综合参与率达到 82%，诗和远方就在市民群众的身边。

东京奥运会上，宁波籍运动员杨倩、石智勇、汪顺、管晨辰共夺得 5 枚金牌。2022 年 9 月，中国奥委会授予宁波"奥运冠军之城"称号。从此，宁波又多了一张"金名片"。

宁波竞技体育高光时刻的背后，是一座城市体育事业全面发展的奋力奔跑，更是宁波城市文化精神与奥运拼搏精神的交相辉映。

历史的长卷厚重又悠久，孕育出宁波特色鲜明、独具魅力的港城文化。宁波不断增强文化自信，推动港城文化大繁荣大发展，传承宁波历史文脉，厚植港城文化优势，构建起以文化力量推动社会全面进步的新格局，踏歌而行，激荡港城文化澎湃气象，走出了一条具有时代特征、宁波特色的文化发展之路。

与时代同频共振，与群众情感共鸣，一批反映宁波文化、演绎宁波故事、传播宁波精彩的精品佳作脱颖而出，奏响一曲曲荡气回肠的时代之声，城市知名度、美誉度大幅提升。截至 2019 年 12 月，宁波共有 21 部作品（歌剧《呦呦鹿鸣》《红帮裁缝》、舞剧《十里红妆·女儿梦》等）入选全国"五个一工程"奖，近 400 件作品获全国常设性文艺奖项。"文艺甬军"用心用情用功抒写精彩的宁波故事，以文艺繁荣的盛景和振奋人心的作品，绘就打动人心的城市文化画卷。

着眼于促进人的全面发展和社会全面进步，宁波构建起城乡一体的公共文化服务网络，建成宁波文化广场、宁波港口博物馆、宁波图书馆新馆等一批重大文化设施，打造"15 分钟品质文化生活圈"。公共文化服务的"宁波样本"清晰夺目。宁波的传媒、影视、音乐、演艺等产业不断做强做优，文化产业年均增长超过 14%，文化制造业总量居全省第一，文化创新活力竞相迸发，推动文化的力量更好滋养人心、引领风尚、促进发展。

从 2500 年前的句章故城到 1200 年前的明州子城，再到今天的现代化滨海大都市，四明大地千年文脉绵延不绝，百载奋斗生生不息。近年来，宁波深入实施文明探源工程，中国大运河（宁波段）成为世界文化遗产，井头山遗址入选全国十大考古新发现，推动海丝文化、阳明文化、藏书文化、商帮文化等地方优秀传统文化焕发新的生机与活力，让文脉传承弦歌不辍、历久弥新。

宁波的幸福答卷，书写在这个城市的文明礼赞之中，书写在物阜民丰、万家灯火之中，书写在每个宁波市民的生活之中。

幸福
日志

一

在宁波，人与自然和谐共生。图为美丽的鄞州公园。

一 作为历代商贾云集之地，三江口是宁波城市的象征性景观。

二 位于东钱湖畔的宁波国际会议中心。该项目充分利用湖景、山景、河景，建设首脑峰会级别的国际性会议场馆。

宁波鄞州区东柳街道东柳坊社区老旧车棚变身小小体育公园。（摄影：许天长）

四

五　位于宁波海曙区洞桥镇的国家级资源循环
利用产业园。（摄影：易国庆）

目前，宁波行政村集体经济收入全部达到 30 万元以上，统筹城乡发展水平居全国前列。图为宁海梅林街道河洪村。（摄影：尤才彬　王鹏）

八

作为浙江首个田园综合体，宁波江北达人村融合了集市文化、节庆庙会、田园风光、美食小吃、民俗演艺、童话世界等项目。图为小朋友参加达人村采摘活动。

随着环城南路西延高架等三大工程建成投用，宁波城市快速路网再次向外扩展，市民出行越来越方便。

九

七

近年来，宁波的城市版图正在向姚江北岸延展。位于姚江新区的宁波奥体中心，设计以"航船"为灵感，"海港"的场景逐渐立体。

十

宁波生态环境持续改善，
蓝天白云天数越来越多。

宁波持续打造体育之城。图为福庆
路高架桥下的运动空间。

十二

十一

城市绿地成为宁波
的一道亮丽风景线。
截至 2021 年底，宁
波人均公园绿地面
积达 14.54 平方米。

成都

加快建设幸福美好公园社区，让公园城市内涵特质浸润成都人的每一个幸福家园。

九天开出一成都，万户千门入画图。成都，简称"蓉"，是四川省省会、国家中心城市、成渝极核城市。市域面积 1.43 万平方公里，辖 20 个县（市、区）和天府新区成都直管区、东部新区、高新区。2021 年，常住人口 2119.2 万人，步入超大城市行列；地区生产总值 1.99 万亿元，居全国城市第七位。

未来公园社区的幸福实践

认识成都的幸福，有许多种方式。

有歌曲。"和我在成都的街头走一走/直到所有的灯都熄灭了也不停留/你会挽着我的衣袖/我会把手揣进裤兜/走到玉林路的尽头/坐在小酒馆的门口……"

有美食。成都美食名满天下，早在 2010 年，成都就成为首个被联合国教科文组织授予"美食之都"称号的亚洲城市。

有诗歌。古往今来，无数文人墨客给这个城市留下了幸福的告白："九天开出一成都，万户千门入画图"，这万家灯火是李白眼里的幸福；"成都海棠十万株，繁华盛丽天下无"，这繁盛无双是陆游眼里的幸福；"晓看红湿处，花重锦官城"，这惊喜惬意是杜甫眼里的幸福……

幸福的期许各不相同，但近年来，"雪山下的公园城市"已深入人心，成为成都最浓烈的幸福色彩。

通过推进公园城市建设，成都厚植城市的幸福底色。从 2018 年首次提出建设公园城市，到 2020 年建设践行新发展理念的公园城市示范区，从公园城市"首提地"到"示范区"，成都坚定践行"绿水青山就是金山银山"理念，积极探索山水人城和谐相融新实践，成都已经基本形成"园中建城、城中有园、推窗见绿、出门见园"的公园城市大美形态。

2021 年的数据显示，成都全年空气质量优良天数达到 299 天，森林总面积 800 多万亩，覆盖率达 40.3%，1300 多个公园星罗棋布，133 平方公里的环城生态公园全线贯通。各个公园、绿地迎来众多露营市民，有草坪的地方就有帐篷，这成为成都的一道独特风景线。数据还显示，成都已建成天府绿道5188 公里，青绿之间每天成千上万的骑行者，用自行车丈量城市绿脉，享受公园城市的幸福生活。

成都公园城市示范区的建设，并非一场见好就收的短期行动，而是动态进行中的探索和实践，在可持续的创新和探索中，提升成都幸福的温度、质感和内涵。

——

2022 年 3 月 16 日，《成都建设践行新发展理念的公园城市示范区总体方案》（以下简称《方案》）正式公布。《方案》明确提出，建设品质化现代社区，努力为人民群众打造更为便捷、更有品质、更加幸福的生活家园。

如何建好品质化现代社区，成都给出了明确的答案：加快建设彰显公园城市特质、定义幸福美好生活、顺应现代治理需要的幸福美好公园社区。

成都的幸福美好公园社区是什么？

幸福美好公园社区是公园城市新型功能单元，是空间融合、功能复合、要素聚合、价值和合、治理耦合的城乡社区发展治理共同体，具有人本化的价值追求、生态化的形态表达、场景化的功能承载、共享化的治理逻辑、智慧化的运行模式。

而且，这是一个开放包容、可持续发展的体系。具体而言，从功能性维度来看，可以分为城镇社区、乡村社区、产业社区三个基本类别；从发展性维度来看，未来公园社区是高级形态；从多样性维度来看，未来公园社区是特色表达。

换句话说，成都的未来公园社区是幸福美好公园社区的高阶形态。

成都提出，以片区开发为重点，创新探索未来公园社区建设路径。具体来说，未来公园社区是一种新型城市建设模式，将按照"规划指导定格局、城市设计定指标、创建方案定项目"的建设指引体系，实行片区统一开发。

按照成都的方案，未来公园社区是以建设践行新发展理念的公园城市示范区为统揽，以创造幸福美好生活为导向，以全要素场景营造为关键，以数字底座智慧赋能为支撑，以共建共治共享为路径，推动公园形态与社区肌理相融，公园场景与人民生活相适，生态空间与生产生活空间相宜，打造功能布局均衡、产业特色鲜明、空间尺度宜人、人城境业和谐的新型城市功能单元。

和传统社区不同，未来公园社区更加突出绿色低碳、安全韧性、智慧高效、活力创新等特点，并构建未来生态融合、健康医养、人文教育、建筑空间、绿色出行、休闲消费、创新创业、智慧应用等场景。

按照规划，"十四五"期间，成都将建设 200 个未来公园社区。

二

那么，成都未来公园社区又如何建设呢？

成都市住建局出台了详细的指导方案，即《成都市未来公园社区建设导则（2022 年版）》（以下简称《导则》）。

总体来说，成都未来公园社区建设立足建筑环境、绿色交通、市政设施、公共服务、智慧韧性等五个建设维度，聚焦绿色建筑、生态融合、低碳生活、海绵城市等 20 项核心建设内容，构建绿色建筑、光伏建筑、立体绿化、公交站点、慢行空间等 44 个建设指标，最终形成"5＋20＋44"的指标体系。

就"建筑环境建设"而言，《导则》以绿色低碳为核心目标，重点突出绿色建筑、生态融合、低碳生活、海绵城市四个核心建设内容，通过对绿色建筑、光伏建筑、装配式建筑、社区微生境、立体绿化、社区风廊与降噪措施、新能源停车位、绿色开放空间、社区水资源利用、多级社区海绵设施等十个建设指标的约束和引导，助力未来公园社区建筑环境的营造。

具体如何做？

以"绿色建筑"指标为例，《导则》提出了明确的要求。在城镇类和产业类未来公园社区建设中，新建民用建筑执行不低于 72% 的节能设计标准。新建建筑全部执行绿色建筑标准。还将推动建筑节能改造全面融入城市有机更新，与老旧小区改造同步实施老旧建筑的节能、减排、节水、降噪等绿色化改造，同步改造率达到 80% 以上。乡村类社区则鼓励实施该指标。

《导则》在"立体绿化"指标中要求：构建下沉、平地、退台、屋顶与立面等多种形式的立体绿化；6 米以下挡土墙宜采用装配式生态绿植挡土墙；公共管理与公共服务设施用地内的新建公共建筑，高度小于等于 40 米的，屋顶绿化面积占可绿化面积的比例不小于 65%。商业服务设施用地内的公共建筑，高度小于等于 40 米的，屋顶绿化面积占可绿化面积的比例不宜小于 50%。其他墙体、邻避性市政公用设施、高架桥、立交桥、天桥等宜采用垂直绿化；屋顶绿化可采用节水型屋顶绿化；鼓励居民阳台绿化。

未来公园社区离不开便捷智慧的交通体系和设施，因此在"绿色交通建设"维度，《导则》主要从公共出行、绿网慢行、智慧交通、共享停车四个方面出发，从轨道交通站城一体、公交站点、慢行空间、慢行环境、公交站点智能化、智慧交通设施、共享停车位、机械立体停车设施等八个建设指标来织补社区慢行网络功能，搭建社区智慧交通平台和健全社区停车服务，切实解决未来公园社区中可能存在的交通问题。

如何建设公交站点？据《导则》提出的指标，公交停靠站点停靠站台宽度不宜小于 3 米，公交停靠站长度根据站点周边人口密集度、客流量大小、车辆长度、线路车次综合考虑，不宜小于 30 米。同时，公交停靠站可结合社区综合体设置于综合体首层；更新改造社区当条件受限制时，站台宽度不小于1.5 米，且保证乘客可站立空间宽度不小于 1 米。此外，公交停靠站点应加强绿化打造，鼓励立体绿化与艺术装置的运用与设置。加强交通标识的可见性，设置公交地图，提供站位、线路及周边换乘信息，换乘节点应提供清晰的标识与指引系统。

对于"慢行空间"这一指标，《导则》也给出了具体的意见：要完善慢行

隔湖眺望成都金融城，双子塔在阳光下熠熠生辉（摄影：宋加乐）

配套设施及无障碍设施，设施配置不得影响慢行通行；新建社区非机动车道宽度不低于 3.5 米，步行有效宽度宜达到 2.5 米以上；宜采用物理隔离的方式实现机非隔离，人非隔离。其他还包括：城镇生活社区过街间距不宜超过 250 米；产业社区过街间距不宜超过 400 米。路面宽度大于 30 米或穿越车行道的人行横道大于 16 米时，应设置安全岛，宽度不小于 2 米。更新改造社区宜利用既有空间进行非机动车道改造；街道可采用交叉口缩短、非机动车停车前置等措施保障过街安全。

"市政设施建设"和居民的生活环境、生活体验等关系密切，因此在这一维度中，《导则》聚焦于市政道路、市政管网、环境卫生和绿色能源。以"安全、宜人、低碳、智慧"为目标，对交通稳静化措施、街道空间一体化、优化道路结构、地下管廊建设、信息化管网配置、生活垃圾收集站、社区服务驿站、绿色能源供能系统、社区多元充电设施等九个指标进行控制引导。

比如，在"优化道路结构"这一指标上，要求生活、商业、景观类道路合理压缩机动车通行空间，提升慢行空间，保障慢行环境安全、舒适；交通、产业类道路在保障慢行安全的前提下，重点考虑机动车通行空间，保障机动车高效通行。

"社区服务驿站"方面，《导则》规定，社区服务驿站建筑形式应以景观化或隐藏式建设方式，呼应公园城市特征，或结合社区公园、社区综合体、社区卫生服务中心进行整体考虑，应在明显位置设置独立对外出入口。应配置公共卫生间、第三卫生间、母婴室、休息厅、管理间、工具间等功能，以及饮水点、区域导视、垃圾箱、照明等设施。

《导则》同时指出，驿站建筑最低应满足标准绿色建筑标准级要求，公共卫生间选用节水设备、器具，用水效率等级应达二级及以上；洗手盆应采用感应式或延时自闭式水嘴；更新改造类社区可利用既有闲置空间设置移动厕所或集成箱体式厕所。

"公共服务建设"这一维度包含四项内容：健康医养、人文教育、休闲消费、创新创业。具体指标为：社区卫生服务中心、老年服务站、文化活动中心、社区托幼、综合超市、便民商业网点、创新共享空间、创业住房保障。

《导则》在"社区托幼"建设指标中要求，社区按服务半径配置幼儿园。幼儿园不少于六个班，建筑空间和室外场地功能配置完善，各班分设活动场地，园区应设共有活动场地。配置课后服务托管中心，覆盖全学龄段。布局适合幼儿生活和开展游戏活动，为幼儿成长提供更安全、更健康的环境。同时，对于城镇类和产业类社区，《导则》还强调应加大对2岁以下托育服务资源的扩充。

"综合超市"指标方面，社区内设置至少一处综合生鲜超市。应包括有水区（水产区、鲜肉区、冷鲜家禽区）、无水区（蔬菜区、水果区、禽蛋区，即普通内铺），有条件的可设置生鲜加工、生鲜配送、社区食堂等社区便民公共服务设施。另应设市场管理办公室、库房、农残检测室、配电房、公共卫生间。综合超市可结合商业、娱乐设施整体叠建开发，优先在1～2层设置。形成功能复合、服务便捷的社区商业，使生活更便捷。更新改造社区条件有限时，可建便利店提供相应服务。

"智慧韧性建设"维度包含四项内容：智慧管控、智慧物业、安全韧性、社区服务。具体指标为：智能感知设施设备、CIM平台（城市信息模型）及BIM技术（建筑信息模型）应用、物业服务设施、功能配套设施、应急避难场所、防灾减灾基础设施、社区智慧水务、党群服务中心、社区综合体。

例如，在"功能配套设施"指标方面，《导则》提出，社区内应配建快递服务用房、智能快件箱、无接触送餐柜等功能配套设施，并配置相应监控设施，实现功能配套设施周边监控无死角覆盖。快递服务用房宜配置等候空间、分拣空间、消毒室等，且应配备与空间面积相适宜的消防设施、设备与器材。除此之外，社区内还应配置周界防护设施、住户安防设施、公共区域安防设施以及监控中心。考虑到乡村地区的实际情况，乡村类社区不做上述指标的规定。

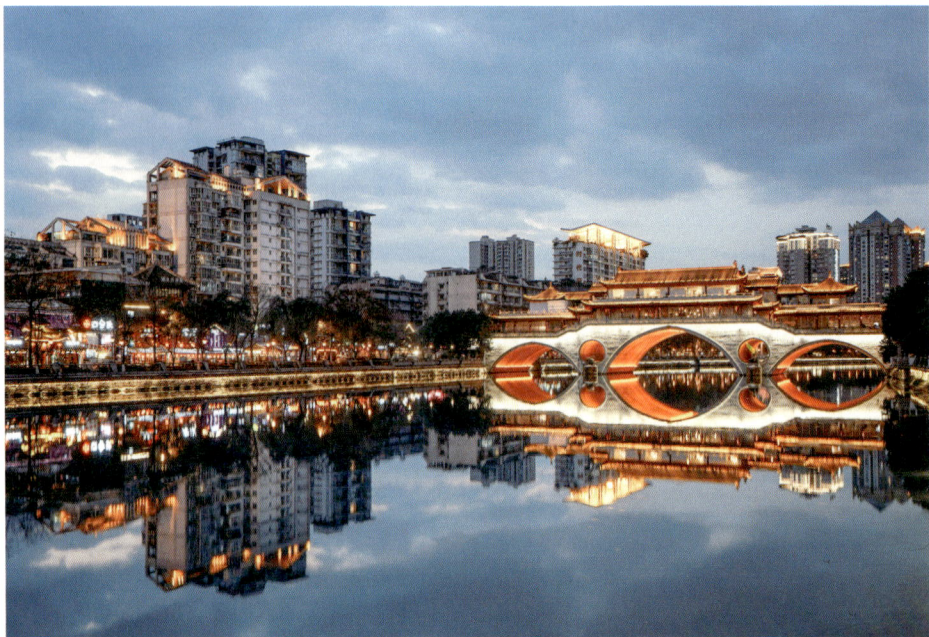

成都九眼桥夜景

　　而在"社区智慧水务"指标方面,《导则》同样明确了具体的方向:新建类社区应加强智慧水务设施的建设,通过水情测报设施、安全监测设施、气象水文监测设施等设备,聚焦社区防汛减灾和水资源调度,搭建全域感知、动态监测、精准调控、协同管理和高效应用的智慧水务平台,打造社区智慧水务应用场景,推动"供排净治"一体化;乡村类社区应依托智慧水务建设灌区一张图,对农业用水、渠系供水实现精准调度。

　　成都的未来公园社区建设,"未来"二字非常醒目,也引人遐想,何为"未来"?

　　据参与《导则》起草的成都设计咨询集团·市建筑院副总建筑师熊婧彤向媒体介绍,"未来"是一种可持续的状态。对于普通居民而言,"未来"的美好不复杂,就在于更优美的环境、更便利的交通、优质的教育资源、完善的医疗服务、便捷的生活服务、富有活力的创业环境、友好的社交场所……就是"以人为本"四个字。

她认为，社区是城市治理的基本单元，社区自身必须是一个完整的生态系统，才能持续运转。然而，人群构成的多样性是形成社区生态的根本，所以在"公园城市示范区"的新语境下，要可持续地维护社区人群多样性，并激发其创造力，最终带动社区可持续发展，就必须立足于"以人为本"。

那么，未来公园社区建设如何做到"以人为本"？

熊婧彤说，最突出的就是一个"全"字，即全龄、全阶层、全时、全维度。全龄和全阶层，体现社区主体的人群广度，也就是说，尽管不同社区的人群构成各不相同，但都是需要关照的群体。全时、全维度，则是社区服务的能力广度，即无论老少和贫富，都要兼顾，而且提供的服务包括日常的生活、学习，甚至养老等。此外，无论是创业、就业还是公共事务、应急避险等不同需求，在建设中都应该有所回应。

成都的未来公园社区"5＋20＋44"指标体系，实际上正是基于此进行设计并分解的。比如，这些指标包括了突出慢行空间、绿色开放空间、街道空间一体化、社区托幼、老年服务站、创新共享空间等，要求在未来公园社区完善慢行配套设施及无障碍设施，在道路交通中实现"机非分离""人非分离"，在社区至少配建一处共享科创、办公空间，等等。

三

2022 年，成都首批启动的 25 个未来公园社区建设中，成华区北湖未来公园社区是其中之一，也是最早启动建设的未来公园社区。

按照规划，北湖未来公园社区将构建"一湾一园、三港五区"的空间布局，总面积约 5.56 平方公里，预计 2024 年完成生态景观打造，2025 年首期全面建成投运。

2022 年 3 月发布的北湖未来公园社区规划草案提出，北湖板块将新增及改造 20 余处学校、医院、养老等公共服务设施。

就像一张逻辑清晰的思维导图，《导则》以其缜密性给成都未来公园社区的建设提供了具体的指导，具有极大的可操作性。这实际上给未来公园社区的建设插上了腾飞的翅膀。

截至 2022 年 9 月 21 日，即北湖未来公园社区正式开建半年之后，成都媒体调研了相关规划的建设落地情况，以及北湖板块最新的建设进度，结果是可喜的：北湖已加速兑现相关规划承诺，半年时间里就新建及改造了 20 多处公共配套设施。

同时，随着板块规划落地及相关配套建设启动，北湖已成为继浣花溪、东湖、锦城湖后第四个主城湖居改善住区。

北湖未来公园社区建设的系列方案和进展情况，也是本地媒体聚焦的内容。

比如，"红星新闻"在 2022 年 8 月的报道中就提到"位于成华区环城生态公园东北部的北湖未来公园社区"。文章说："这里建成后，人均可享绿地45.6 平方米，达到国家最高标准的 3.8 倍；规划总人口 6.5 万人，打造职住比1.1 的产业型社区新示范；还将打造 6.5 公里/平方公里绿道体系……"

在《北湖新动向："成都熊猫极地海洋世界"项目浮出》一文中，北湖的"成都版长隆海洋世界"成为关注点。"据北湖湖心岛位置商业用地规划，北岛占地约 3.3 万平方米，计划投资约 5 亿，开发业态包括高端酒店度假、水下餐厅以及街区式湖心商业等，而南岛占地约 1.9 万平方米，计划投资约 1.5亿，打造成都极地海洋世界项目。据悉，该项目正在加速推进，拟开工时间为2022 年 12 月，期待在不久的将来，北湖成为'成都版的长隆海洋世界'。"

一些关注教育的自媒体也陆续"透露"了教育设施的完善，强调了未来社区建设的全龄化教育资源。比如，微信公众号"溜爸"发布的文章《估算投资最高 4.4 亿！金融城三期/三圣乡/锦江生态带等将建新学校》介绍，"北湖板块新增打造一处小学和一处幼儿园，即北湖秀水片区龙青环线西侧，新建配套

成都方所书店室内

小学，建筑面积约 2 万平方米，估算投资 10950 万元，计划 30 个班办学规模；北湖和成社区 8 组，新建风情小镇配套幼儿园，建筑面积约 0.4 万平方米，估算投资 3900 万元，计划六个教学班。前成都市第三十八中（过渡校区）所在校区，也在积极引进品牌教育学校落地，致力于按照最高教育标准进行打造。加上已经呈现的锦城北湖小学、二十四幼、石室北湖校区等学校，板块内还将陆续新增及优化十余处教育、医疗等共建配套。"

首批未来社区的"样板间"建设中，除了北湖未来公园社区之外，还包括成都高新区瞪羚谷未来公园社区、锦江区白鹭湾未来公园社区、青羊区文家未来公园社区、武侯区芙蓉美谷未来公园社区等 25 个，相关规划和建设场景也成为关注焦点。

2022 年 3 月底，记者走进城市新区，实地探访了未来公园社区建设的最新进展。在瞪羚谷未来公园社区，记者走出清凤时代城小区，步行几分钟后，到达墨池小学，再经过一座过街天桥，发现正在加快建设的铁像寺水街二期工程，那里即将呈现的是一个公园式天府人文与生活美学集成空间。在"一公里外的瞪羚谷数字文创基地（天府长岛），一幢幢独栋建筑矗立在绿植环绕、鲜花盛开的美景中，爱奇艺潮流文化坊、同程艺龙西南总部等企业已经入驻。天府长岛与环城生态公园无界融合。闲暇时，企业员工走出办公室，几分钟就可以置身锦城湖公园，享受天然氧吧带来的安逸舒适"。在随后写下的报道中，记者不由感叹，"成都高新区瞪羚谷未来公园社区，呈现出许多人想要的生活"。

在成都看来，未来公园社区建设是创造幸福美好生活、增强城市核心竞争力和凝聚力的民心工程。成都也坚持把保障和改善民生作为价值取向，把群众小事当作民生大事，用心用情用力解决好群众"急难愁盼"问题，回应好市民每一个期待。

成都，因为幸福，真正成为"一座来了就不想走、走了还想来的城市"，越来越多的成都人在这个城市安居乐业。数据显示，近十年，成都净增人口582万，位列全国第三，常住人口2119万，位列全国第四。

幸福
日志

一

玉林东路进入城市更新赛道"加速跑"阶段。截至 2022 年 10 月，
成都已启动 26 个片区更新项目。

成都以轨道交通站点为核心的TOD综合开发，首次将TOD
与公园城市理念相结合，努力探索一条独具特色的成都轨道
TOD发展之路。图为陆肖TOD。

四 成都打造家门口的运动空间。
图为府青路运动空间。

五

按照"15分钟公共文化服务圈"理念，成都打造了越来越多的基层文化新场景。图为曹家巷社区的东周社艺文美空间。

成都高新区桂溪生态公园婚姻登记处以"绿色生态、温馨浪漫、时尚舒适"为理念，打造全新的婚姻登记大厅及拓展服务空间。图为桂溪生态公园婚姻登记处。

六

修建于20世纪90年代的成都市锦江区五福苑小区完成了改造，2022年，成都完成老旧院落改造601个，涉及居民7.2万户。

七

成都高新区组织企业深入8所高校开展"公共就业服务进校园"活动，为高校毕业生提供针对性就业服务。

成都各县（市、区）精心打造"蓉漂"青年驿站，为外地本科及以上学历
的应聘毕业生来蓉应聘提供 7 天免费入住的服务。

八

九

成都锦江区三圣街道喜树路社区，积极营造多元场景，提供精准化
社区服务，打造全龄友好公园社区样本。

99

武侯区簇桥街道锦城社区是全国首批"中国儿童友好社区建设试点"社区。

猛追湾街区更新融入了艺术、科技、文创等元素,充满了成都市井味道,极具时尚感和青春活力,成为网红打卡地、消费热点区。

十二　市民在活水公园喝茶休闲放松。成都活水公园拥有丰茂的绿植、生态净水系统以及海绵系统，为成都城市的碳中和做出了先进生态理念的展示。

青岛

在"活力海洋之都、精彩宜人之城"的幸福图景下，启动城市更新和城市建设三年攻坚行动。

青岛地处黄海之滨、山东半岛南端，是中国北方一座富有人文魅力、自然禀赋优越的沿海开放城市。青岛昔称胶澳，后因有海中小岛"小青岛"、古渔村"青岛村"而得名。青岛被定位为我国沿海重要中心城市和滨海度假旅游城市、国际性港口城市、国家历史文化名城。陆域面积 1.1 万平方公里，海域面积 1.2 万平方公里，辖七区三市，全市常住人口 1025.67 万人。2021 年，全市实现生产总值 14136.46 亿元，一般公共预算收入 1368 亿元。

城市焕新的"幸福清单"

介绍城市概况的时候，每个城市都喜欢用简短的文字，配上美轮美奂的几张图片，抑或用声色俱佳的短视频像广告大片一样推介自己的城市。青岛也不例外。2022年，青岛发布了国际城市形象宣传片《为什么是青岛》。然而，在官方微信公众号的城市介绍中直接放上一本书，青岛也许是唯一的城市。

在"青岛发布"的微信公众号里，城市概况一栏中就是一本书。这本名为《中国青岛》（中文版）的书由青岛市人民政府新闻办公室编写，于2018年出版，涵盖历史沿革、人口地理、自然资源等内容，如"青岛地处黄海之滨，山东半岛南端，是中国北方一座富有人文魅力、自然禀赋优越的沿海开放城市"，等等，同时也介绍了青岛的重要园区、文化传承、旅游胜地、品质生活和创新活力。

2022年修订此书的话，大概会专门加上一章——《城市焕新》。

在实现"活力海洋之都、精彩宜人之城"的幸福图景下，2022年的青岛启动了城市更新和城市建设三年攻坚行动，即"通过强化各级顶层统筹、横向联动、纵向推进的工作模式，青岛坚持以人民为中心的发展思想，将城市更新和城市建设有机结合，引导城市发展方式转向存量提质，推动新旧动能转换，持续提升城市功能和竞争力，不断增强市民的幸福感"。

一

2022 年是青岛实施城市更新和城市建设三年攻坚行动的开局之年。

2 月 9 日，青岛召开城市更新和城市建设三年攻坚行动动员大会。随后，"实施城市更新和城市建设三年攻坚行动"被写进了青岛市第十三次党代会报告。在其后召开的市两会上，青岛又将"聚力实施城市更新和城市建设攻坚行动"写入政府工作报告。

3 月，青岛市委、市政府印发《青岛市城市更新和城市建设三年攻坚行动方案》（以下简称《行动方案》），准确地说，这是一份着力解决市民关注的重点、难点、热点问题的"任务清单"和"项目清单"，更是一份让青岛人宜居宜业的"幸福清单"。

这份"幸福清单"，"聚焦完善城市功能、提升城市品质、传承历史文脉，聚焦市民需求迫切的基础设施建设，聚焦重点低效片区（园区）升级改造，聚焦为产业升级提供空间载体"，并从八个方面列出了清晰的具体行动。

一是历史城区保护更新。作为历史文化名城，青岛的历史城区名气大、历史长，其更新和建设也因此备受瞩目。而总面积 28 平方公里的历史城区是百年青岛的发祥地，但在 20 世纪 90 年代，随着城市中心东移，老城区开始面临一系列现实问题，如配套交通不足、业态低端等。所以青岛下定决心，希望通过三年攻坚行动，让历史城区焕发新生，成为全国历史城区保护更新典范。总面积约 28 平方公里的历史城区，即东沿延安三路至长春路、威海路，北至海泊河，西、南至海岸线的这片区域。具体做法包括：统筹推进历史城区和邮轮港区两个重点片区保护更新；以保护、保留、利用、提升为主导，持续推进历史城区保护更新，重塑产业与空间关系，重聚历史城区人气，让历史城区成为"建筑可阅读、街道可漫步、城市可记忆"的"文化客厅"；推进邮轮港区改造更新，结合邮轮旅游和服务功能，植入餐饮、娱乐、购物、酒店等配套业态，建设青春活力的时尚港、国际航运贸易金融创新港等。

　　二是重点低效片区（园区）开发建设。先行启动低效用地相对集中的市北区老四方工业区、李沧区北客站及周边区域、世博园及周边区域、楼山区域、城阳区白沙河北岸区域、青岛轨道交通产业示范区及周边区域、青岛西海岸新区王台老工业区、青岛前湾保税港区及周边区域、崂山区株洲路两侧区域、张村河两岸区域等十个重点片区（园区）的开发建设，再以点带面，带动全市低效用地再开发。目标是通过三年攻坚行动，进一步优化产业布局，完善城市功能，提升城市品质，为城市发展注入新动能、导入新产业，让城市焕发新生机。

　　三是旧城旧村改造建设。根据《行动方案》，青岛计划改造1108个城镇老旧小区、30万户；启动改造81个城中村、5.5万户，重点推进市北区、李沧区、崂山区范围内的27个城中村、2.4万户改造工作。力争通过三年的努力，基本完成市南区、市北区、李沧区、崂山区（建成区）等2000年以前建成的老旧小区和现有城中村的改造工作。

　　四是市政设施建设。具体来看，在市政道路建设方面，开展"15515＋N"工程，即一条胶州湾第二隧道、五条城市快速路、五个主要立交节点、15条主干道及存量未贯通道路，全力推进辽阳路快速路、海尔路—银川路立交、唐河路—安顺路等重点工程建设及存量未贯通道路打通工作。在市政公用设施建设方面，加快推进两条供热长输管线、两条高压天然气管线、六座污水处理设施、一座供水处理设施、三座垃圾焚烧处理设施、一座垃圾中转站设施建设，实施13个"清洁取暖"煤改气热源工程。与此同时，进一步完善全市路网体系，提升通行效率，让道路更畅通，让市民出行更便捷；促进市政设施增量、提质、增效，补齐基础设施短板，不断提升市民生活质量和城市承载力，基本完成市南区、市北区、李沧区、崂山区清洁取暖"煤改气"工作。

　　五是交通基础设施建设。聚焦公路、铁路、港口、通用机场、枢纽、管道六大领域，重点实施"94521"工程，即九条公路、四条铁路、五处港口工程、两处交通枢纽、一条高压燃气输送管道。力争通过三年攻坚行动，全面构

岛城夜景灯光秀

建北上融入京津冀、南下联通长三角、西进辐射沿黄流域、东出日韩的综合立体交通网，加快交通强国建设试点城市和国际性综合交通枢纽城市建设。

六是地铁建设和地铁沿线开发建设。目标是通过三年攻坚行动，加快构建安全、便捷、高效、绿色的城市轨道交通网络体系，建设"轨道上的青岛"。具体措施包括：加快推进青岛地铁建设，力争到 2024 年底新投入运营三条线，三期规划 139 公里七条线全部开工建设。同时，按照"站城一体、产城融合、功能复合"原则，推进地铁沿线 TOD 模式，到 2024 年底实现 21 个 TOD 项目落地。

七是停车设施建设。青岛加快城市停车设施建设，集中建设一批停车设施，大幅增加泊位供给，共建设公共停车场 120 个、泊位 5.7 万个，建设公交场站 11 个、泊位 1130 个，建立完善社会停车设施共享机制。力争通过三年攻坚行动，基本完成机关事业单位、商场、酒店、写字楼、住宅小区等停车设施的开放共享，基本实现设置规范、停车有序、安全便民目标。

八是公园城市建设。青岛对标成都等城市的公园城市建设，设立如下目标：充分释放城市绿色资源价值，建设生态空间山清水秀、生活空间宜居适度、生产空间集约高效、地域文化特色鲜明、安全开放、全民共享的公园化城市。与此相配套的措施如下：加强绿线管控，坚持绿地总量增加和现有绿地充分利用改造并举，推进"12131"系统工程（构建 1 个城市绿道网络、整治 200 个公园绿地、建设 100 条林荫廊道、推进 300 处立体绿化、实施 1 项生态绿化工程），持续改善生态环境、提升城市品质。

二

如何让青岛市民感受到具体的幸福？《行动方案》涉及的这八个方面是路线图，也是翔实的行动指南，在如何做、实现何种目标方面，进行了抽丝剥茧的指导。

为了实现这份"幸福清单"，青岛还出台了相关的保障措施。

首先，加强组织领导。具体做法包括：建立市级统筹协调、部门协作配合、区级为主实施、市区两级联动的工作机制；构建完备的组织实施体系，成立市城市更新和城市建设总指挥部（简称总指挥部），下设办公室和历史城区保护更新、重点低效片区（园区）开发建设、旧城旧村改造建设、市政设施建设、交通基础设施建设、地铁建设及地铁沿线开发建设、停车设施建设、公园城市建设等八个专业指挥部。同时，根据实际情况，并结合片区实施或重点项目建设需求，由区（市）政府或相关部门（单位）牵头成立专项指挥部，构建三级指挥体系。分工明晰，比如，总指挥部要制定攻坚行动详细方案，各区（市）政府、各相关部门（单位）要梳理行动重点领域、关键环节、重要项目及难点堵点问题，并按照"工作项目化、项目清单化、清单责任化"要求，区分轻重缓急，细化形成攻坚行动任务书、时间表、路线图等。

其次，加强资金保障。具体做法包括：以政府为主导，加大调控督导力度，积极拓展资金来源渠道，综合采取权利人自筹、设立专项资金和专项基金、争取政策性资金、设立政策性贷款等渠道，探索专项债券等方式，为城市更新和城市建设攻坚行动提供资金保障；激活各类企业市场主体活力，提高招商引资工作针对性和实效性，招引一批高质量项目；调动各方积极性，引入更多有实力企业，吸引社会资本积极参与城市更新和城市建设。

最后，加强督导考核。具体做法包括：建立督导机制，总指挥部负责抓统筹，建立台账、挂图作战，出台综合评价、督查问效实施办法，确保工作有序推进；总指挥部负责同志对分管专业指挥部进行督导，各区（市）政府承担辖区内工作主体责任，确保项目落地落实；明确奖惩考核机制，创新考核方式，激励争先创优。

有了这些保障措施，青岛落实这份"幸福清单"信心更足了。特别需要指出的是，"幸福清单"是开放的，也是可发展的，也就是说，未列入这份清单的城市更新和城市建设工作，仍然由各区（市）、各部门、各单位按职责、计划推进；列进去的这些城市更新和城市建设工作是青岛要集中攻克的堡垒，而相关的措施和行动则是青岛为实现人民幸福而铺设的最佳轨道。

三

总指挥部办公室总结 2022 年的工作时，用了"城市更新和城市建设工作取得显著成效"这样的表述。

一年来，青岛全市上下聚焦历史城区保护更新、低效片区开发建设、旧城旧村改造、拆违治乱等工作，并持续发力，城市更新建设攻坚任务进展顺利，一批事关长远、群众期盼的民生工程正在快速推进，重点低效片区实现"腾笼换鸟"。

青岛海滨风光

变化一：历史城区蝶变速度加快。截至 2022 年 10 月，中山路城市记忆馆、青啤 1903 等项目陆续开业，上街里啤酒节、邮轮节等文旅活动成功举办，历史城区人气、商气和烟火气正在加快聚集。中山路及周边核心区，以改善民生、提升人居环境为落脚点，用精雕细琢的绣花功夫、稳中求精的工匠精神，全面提速历史建筑修缮整治、征收房屋保护利用、产业招商业态落地、基础设施完善提升等工作，助力历史城区焕发新活力。

《人民日报》的记者记录下了 2022 年 4 月 28 日的这一天，称"以中山路、大鲍岛为代表的青岛历史城区迎来历史性时刻——总投资 40 亿元的 72 个历史城区保护更新项目集中开工"。《大众日报》则更具体地介绍了中山路的前世今生，"这里曾是与上海南京路、北京王府井齐名的商业中心，毗邻栈桥、青岛火车站、小港码头，中山路及周边区域曾车水马龙，保有近一个世纪的繁华。这里是几代青岛人记忆中的'街里'，'逛街里'更是当时青岛人最时尚的休闲方式，进而形成了独具青岛市井特色的里院建筑群。20 世纪 90 年代，青岛城区边界东移扩张，从栈桥到'五月的风'——城市地标的变迁背后，这片百年老城区陷入了活力不足的困境：房屋老旧，人口结构老龄化严重；市政设施落后，缺乏优质的公共空间；现有商业生态存在单一化、同质化问题……"几个月后，中山路再次进入记者的现场报道，"马路两侧人头攒动，人山人海；周边饭店内人气十足，座无虚席；路边一家小小的饮品店一天卖出上千杯奶茶……沉寂了数十年的百年老街再现八街九陌的繁华，一些土生土长的青岛人见此情景不禁感叹：20 多年，在中山路没见过这么多的人了"。

变化的又何止中山路，在 28 平方公里的历史城区里，青岛的老建筑群重新焕发活力："以广兴里为代表的里院街区，通过挖掘城市历史脉络、唤醒老城区风貌，提升完善功能布局，让海泊路、大鲍岛等区域重新恢复活力，打造城市更新的创新突破样板空间"；"以银鱼巷为代表的宁阳路片区，正在演绎着复古斑驳与年轻时尚的碰撞，'老城潮街'成为文艺青年的打卡胜地"；"已经建成运行的六街口停车场，与龙山人防停车场等实现联动互补，为历史城区增加 1000 余个停车位，极大缓解制约中山路及周边区域改造面临的停车难题"。

青岛市历史城区保护更新指挥部有关人士表示，唤醒老城区，就要让历史文化"活"起来。为此，青岛组织专家智库查阅了 3000 多份档案资料，并对 100 多栋重点建筑进行了深入挖掘，实施"一房一档""一路一档"，将 500 多项文史挖掘成果充分运用于修缮施工、招商引资和旅游产业发展，实现"建筑可阅读、街区可漫步、城市可记忆"。青岛的老城更新，已不单单是载体出新，更多在于功能重塑、价值再现。

变化二：重点低效片区（园区）实现了"腾笼换鸟、凤凰涅槃"。土地征迁是开发建设的最大难点。为确保后续产业导入留足空间，青岛一改过去"拔点拣苗"的做法，实施低效片区"成片征迁"。截至 2022 年 10 月，十大重点低效片区（园区）腾空土地 1.52 万亩。

2022 年 8 月中旬，《青岛日报》的记者在现场看到：楼山区域的青钢片区居住地块已完成土地招拍挂，配套道路已开工建设；伴随产业空间的释放，崂山区株洲路两侧区域一大批优质产业加速落地，青岛虚拟现实产业园正在推进土石方施工……作为城市更新中的"重头戏"，青岛北客运站、张村河两岸区域等多个重点低效片区（园区）开发陆续拉开框架。2022 年，青岛十大重点低效片区（园区）共签约项目 113 个，总投资 1610 亿元，其中 30 亿元以上大项目五个、50 亿元以上大项目四个、100 亿元以上大项目七个。总投资 130 亿元的海尔卡奥斯工业互联网生态园 7 月初已开工建设，项目落址胶州九龙老旧工业园区，牵引带动更新用地 4100 亩，达产后可实现工业产值 400 亿元，助推园区加速蜕变。换句话说，这些片区（园区）的激活，带动的是整个青岛的产业生态，也是青岛高质量发展的新增长极。

变化三：旧城旧村改造使人民群众生活环境和居住条件得到改善。旧城旧村改造，是一项解决居民群众"急难愁盼"问题的民生工程、民心工程，关系到城市居民的幸福感。青岛把为民造福作为推进旧城旧村改造的出发点和落脚点，努力让老百姓看到变化、得到实惠。

青岛五四广场

　　以即墨区营流路片区改造项目为例，该项目共涉及北阁、北关、解家营、金华居、和仁居五个村居，住宅房屋 1420 处、非住宅房屋 199 处，占地面积 505 亩。营流路是即墨区的一条南北大通道，也是即墨区全面融入青岛的三大主干道之一，北起汽车产业新城，南接城阳区驯虎山路，全长约 22 公里。自 2002 年开始规划，目前仅剩城区中心 1.17 公里尚未打通，成为南北贯通的"中梗阻"。许多居民通过《问政青岛》《行风在线》等节目表达诉求，希望政府进行城中村改造更新，改善生活环境和居住条件。即墨区委、区政府响应群众呼声，下定决心、迅速决策，启动营流路片区改造。首先启动一期鹤山路以南至蓝鳌路区域土地上房屋征收工作，压茬进行鹤山路以北土地上房屋搬迁。目前，已完成 799 户房屋征迁，征迁面积 12.57 万平方米。其中，仅用不到两个月的时间，一期占地 155 亩国有土地上 430 户住宅、71 个商业网点和三家企业全部签约，实现了三个 100%，现已全部完成拆迁，拆除建筑面积 8.07 万平方米；集体土地住宅房屋已拆迁 295 户（共 296 户）、4.5 万平方米，拆迁过程中，创造性地实现了三个"零"，即没有发生一起上访事件，没有形成一家"钉子户"，没有一户突破征迁政策。二期拆迁工程正在按计划推进。营流路道路工程已经全线开工，正在进行雨污水管道施工。

变化四：停车不再难。为提高城市幸福指数，青岛莱西市多措并举，通过科学统筹规划对停车资源进行精细化、智慧化管理，进一步缓解城市停车压力。一是探索嵌入式"口袋公园停车"模式。通过动态模拟学生上下学集中乘车情况，打通未贯通道路，完善学校周边路网结构，把济南路 200 多个停车位放进"口袋公园"，解决了普通道路泊位占用行车道的矛盾冲突，提高了临时停车效率，缓解了学校接送学生高峰交通拥堵。二是挖掘立体空间，建设楼顶停车场。莱西市北部新区繁华里楼顶停车场建成，实现停车"高大上"。该停车场面积约 1 万平方米，新增停车泊位 388 个，可有效缓解周边学校、商业交通压力，实现人车分流，保证行人行车安全畅通，破解停车难题。三是破题大货车停车难。莱西市停车设施建设指挥部结合实际，因地制宜盘活城市闲置地、边角地，在城区边缘地带为大货车提供停放场地，利用未开发地块建设了一个面积约 1.2 万平方米的大货车专用临时停车场，可停放 80 多辆大货车，为大货车停放治理提供了基础保障。同时，还配套提供大货车维修服务，完善针对货车司机的关爱服务，解决大货车司机休息和补给的问题，让城市更有温度。

在青岛，"推窗见绿，出门入园"的公园城市网格体系变成了现实——这样的变化得益于公园城市建设的加快推进。青岛在借鉴成都、杭州等城市经验的基础上，结合自身自然生态条件，实施了一批城市绿道、山头公园、林荫廊道、立体绿化、口袋公园工程。2022 年 10 月的数据显示，青岛建成区绿地率达到 38.78%，较 2020 年末提高 0.89%；建成区绿化覆盖率达到 43.34%，较

2020 年末提高 1.58%。与此同时，60 个山头公园已全部开工，并且已完工的山头公园达到 33 个。这些经过整治改造后的山头公园成为居民游览、休憩、健身的绝佳场所，给市民带来了直观的幸福享受。

以金岭山生态公园为例。金岭山地处崂山区中心城区核心地带，占地面积约 2020 亩；毗邻金家岭街道两个社区、中韩街道五个社区，周边还有多处办公单位、学校等，辐射人群众多。如今，这里的盘山步道沿线景致旖旎，路旁增设了休闲健身设施。"登高而上，一幅'北望观城，南眺观海'的城市画卷徐徐展开，成为市民家门口的'诗与远方'。"

在青岛，越来越多的山头公园、口袋公园正葳蕤生长，在越来越多的绿色空间里，种下的不仅是绿色的希望，更是市民的幸福。就像青岛的城市更新建设，从城市功能、产业结构、人居环境的有机更新着力，在城市焕新过程中，提升城市的品质与吸引力，提升市民的幸福感。

幸福
日志

2022 年，青岛实现城镇新增就业 35 万余人，创设公益性岗位 3.7 万余个。
图为青岛市重点产业招聘进校园活动。

2022 年，青岛改造城镇老旧小区 300 个以上，完成既有居住建筑节能保暖改造
230 万平方米以上。图为青岛胶州市常乐花园改造后实景。

2022 年，青岛打通城市未贯通道路 30 多条，开工建设立体人行过街通道设施
十余处。2022 年 7 月，青岛崂山区梅岭西路打通工程建成通车。

四

2022 年，青岛开工和投用公交场站 6 处，优化调整公交线路 80 条。图为新开通的 418 路公交线路。

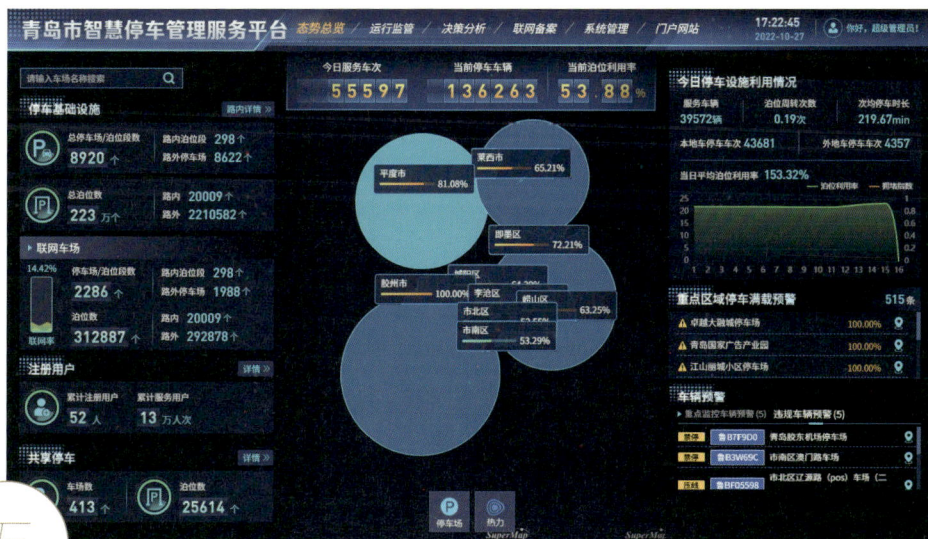

五

青岛打造了"全市一个停车场"智慧停车管理服务平台。2022 年，接入各类停车泊位 30 余万个。

六

2022 年，青岛开工新建、改建、扩建中小学和幼儿园 40 所，
推动完工 50 所，改造农村薄弱幼儿园 50 所。2022 年 9 月，青
岛崂山区海尔云谷配套学校建成投入使用。

2022 年，青岛建成胶州湾海底天然气管线工程；
实施市区供热燃煤锅炉"煤改气"15 台以上。

八

（七）2022 年，青岛打造市容秩序"十乱"整治示范路 300 条，市区撤并生活垃圾分类投放点 3000 处，新增密闭分类投放点 100 余处，创建农村生活垃圾分类示范镇（街道）10 个、示范村 200 个。

九

2022 年，青岛建成书屋、书亭、朗读亭等全民阅读
设施 100 处，建设体育公园、健身步道、社区健身
中心等全民健身场地和设施 50 处。

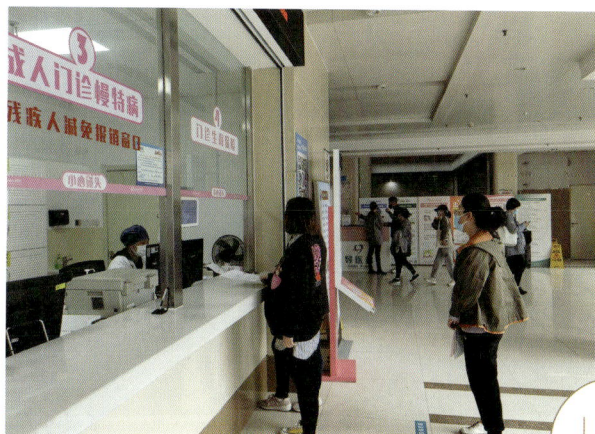

2022 年，青岛职工医保缴费费率再降低 0.5 个百分点；提高各类生育医疗费保障待遇，适当提高部分高值耗材的报销标准。

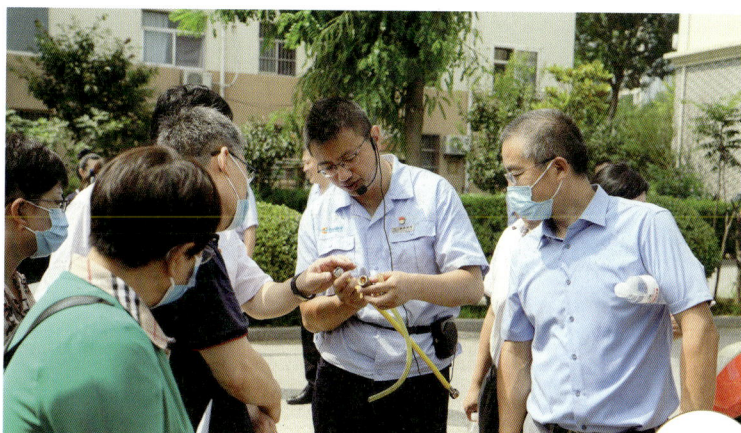

十一

工作人员为青岛市管道天然气居民用户免费更换不锈钢波纹管，提升用户燃气使用安全性。

十二

十

2022 年，青岛完成山头公园整治提升 60 个，建设口袋公园 50 个，实施城市空间微更新项目 80 个。图为崂山区劲松五路口袋公园。

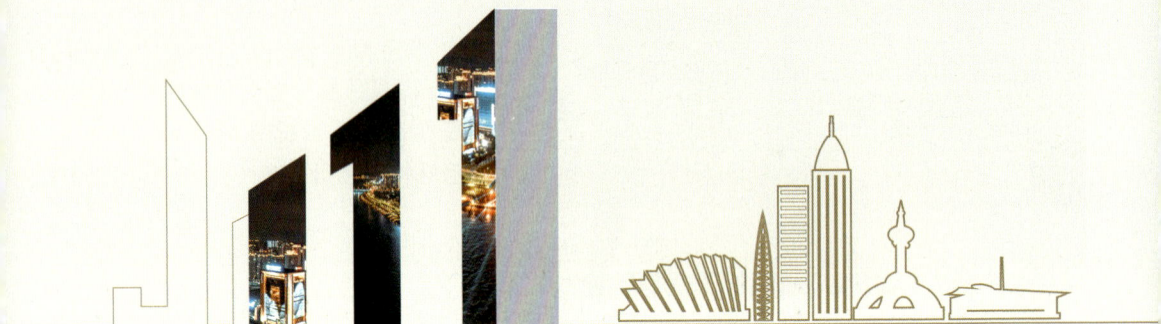

温州

实现共同富裕，方可铺筑实现人民幸福的阳光大道。

温州好，别是一乾坤。温州古称"瓯"，因气候温和而得名，是国家历史文化名城、东亚文化之都、全国文明城市、国家卫生城市、国家园林城市、国家森林城市。陆域面积12102平方公里，海域面积8649平方公里，现辖4个区、3个县级市、5个县。2021年末，全市常住人口964.5万人；地区生产总值7585亿元，居全国城市30强。

打造幸福治理的共富样板

温州的城市性格有不少特点，但温州人最自豪的是——"敢为人先"。作为中国改革开放先行区，这个城市率先进行市场取向改革，诞生了全国第一个个体工商户营业执照、第一部私营企业条例、第一个股份合作企业地方性行政规章、第一家城市信用社、第一个金融利率改革等许多"中国第一"。

这些"第一"让温州发生了翻天覆地的变化，实现了从贫穷到富裕的飞跃，部分温州人"先富起来"了。然而，温州意识到，只有实现共同富裕，方可铺筑实现人民幸福的阳光大道。

2021年6月，《中共中央 国务院关于支持浙江高质量发展建设共同富裕示范区的意见》发布。在新的机遇面前，温州如何从富裕走向共同富裕？

在浙江省共富蓝图上，温州率先给出了自己的定位：高质量发展建设共同富裕示范区市域样板。2021年7月，温州审议通过《温州打造高质量发展建设共同富裕示范区市域样板的行动方案（2021—2025年）》（以下简称《行动方案》），把市域样板分解成七个维度，即打造体制机制更加灵活、经济发展更高质量、城乡发展更加协调、公共服务更加优质、先进文化更加繁荣、全域美丽更加彰显、社会治理更加高效的市域样板，设置相应的目标，以此增强群众的具体幸福感。

温州这份五年行动方案设定了50项具体任务，目标是到2025年，推动共同富裕取得更为明显的实质性进展，形成阶段性标志性重大成果，让老百姓的幸福感更加饱满，充分展现"在温州感受幸福中国"的美好图景，努力成为浙江高质量发展建设共同富裕示范区的市域样板。

2022 年 6 月，温州以一篇题为《共同富裕 温州报告》的文章，概括一年来的共富实践。文章说，围绕经济高质量发展、收入分配制度改革、公共服务优质共享、城乡区域协调发展、社会主义先进文化发展、生态文明建设、社会治理"七个先行示范"，一批沾着泥土气、冒着热气的实践案例破土而出。

———

温州的共富样板，破题从补短板开始，聚焦"扩中""提低"，以解决地区差距、城乡差距、收入差距问题为主攻方向，山区县打开了全新的发展通道。

比如，温州泰顺县"企农融合"发展模式打造新富民产业，加速"绿水青山"向"金山银山"转化，变劣势为优势，入选浙江省共同富裕示范区首批最佳实践。

近年来，泰顺县立足地方特色和资源禀赋，深入实施"产业强县"发展战略，纵深推进收入分配制度改革，创新建立"企农融合"生态发展模式，通过引进优质企业、旗舰项目等，连片盘活农村闲置资源，全力打造新富民产业，实现村集体和山区农民"双增收"，奋力开创泰顺共同富裕高质高效、人民富裕富足新局面。

在实践中，泰顺实现了三个"华丽变身"：围绕土地"流转盘活"，做好"龙头企业＋资源活农"，借力龙头企业带动力，通过土地流转、山林权流转、农房产权租赁等方式，实现山区土地从"荒地"到"宝地"的华丽变身；围绕农民"产业致富"，做好"订单农业＋合作扶农"，搭建了"联村共赢、联户共享、联企共建"平台，实现山区农产品从"滞销"到"畅销"的华丽变身；围绕群众"就业增收"，做好"产业基地＋旅游富农"，探索"企业＋旅游"发展新路径，带动农户在家门口就业创业，实现山区农村从"空心村"到"网红村"的华丽变身。

　　泰顺县"企农融合"模式形成了"双向共赢"的共富路径，激活了"联村带农"的产业动能，催生了"家门口就业"的增收模式，为浙江提供了一个"把山区短板转变为共富思路、把思路转化为示范典型、把典型上升为推广模式"的生动实践。

　　温州苍南县则是另一种共富实践：深化公共财政"折股量化"。

　　"下贫则上贫，下富则上富。"2017年，苍南县率全省之先开展公共财政"折股量化"试点，充分发挥财政扶贫资金"四两拨千斤"的作用，带动资本注入，让"一洼水"变成"一眼泉"，实现低收入农户增收致富和村集体经济"消薄"双赢，打造"扩中提低"新机制，开启"富民路"。截至2022年，苍南已累计实施财政资金"折股量化"项目70个，带动约200个村居、4300多家低收入农户实现增收。

　　"以前我们的旧房子破破烂烂的，现在建起民宿变漂亮了，我们也有了分红，很有幸福感。"畲家长桌宴、畲家菜、畲茶、畲家挂件……苍南县莒溪镇溪东村以打造滨海玉苍山ＡＡＡＡＡ级景区——莒溪大峡谷风景区为契机，创新推出"畲族风情民宿"项目。在民宿建设上，通过庭院设计、选材、特色元素展示畲族传统文化。该项目作为"折股量化"先行创新试点项目，投入"折股量化"资金225万元，整合原有的生态、文化等资源，"变废为宝"，带动本村旅游业。2021年，溪东村的集体收益租金共18万元，分配至低收入农户11.34万元，惠及100家低收入农户。

　　温州，为了激发山区共富的内生动能，如火如荼地开展了一系列全新的探索实践。

二

　　温州的共富样板，致力于为解决普遍问题提供"温州之智"，立足当下，着眼长远。

　　"一枚印章管审批"是温州龙港改革的重头戏之一。龙港政务服务客厅一楼的智慧大屏上，实时更新着大楼的运行状况：当天办事取号人数、等待人数、平均办理时长、各窗口实时评价等。

龙港市是全国第一个"镇改市"，全国唯一实行"大部制、扁平化"行政管理体制改革的县级市。龙港市政务客厅自 2020 年 10 月启用以来，已进驻几十个部门（单位），集中办理了几千项行政许可、公共服务事项等，这里不仅能领结婚证，驾驶员还可体检、自助制证等，实现了"政务一楼统办"。

为了吸引社会各界资本投资，为共同富裕奠定基础，龙岗持续优化营商环境。2020 年 10 月，龙港市行政审批局正式成立，"一个印章管审批"成为现实。在龙港，审批权限由多个部门向一个科室转变，审批材料由要素齐全向承诺容缺转变，审批环节由行政程序向工作程序转变，审批中介由分散多头向集成联合转变。

除了大幅压缩涉企事项办理时间，龙岗政务服务中心还搭建了政务客厅加五个便民服务中心的"1 心 5 点"政务服务框架，形成个人高频事项"15 分钟办事"的政务服务圈。

温州以"府院联动推进破产审判"为特色，创造了重整企业信用修复、预重整、个人债务集中清理、破产专项援助资金、破产企业涉税问题等一系列制度成果，为迈向共同富裕提供了司法保障。

破产审判，是对困境企业的司法救治。自 2019 年以来，温州法院先试先行，探索出"市场化导向、差异化处置、专业化审理、机制化推进"的民营企业破产审判之路。2019 年 12 月 28 日，温州破产法庭正式揭牌成立，成为全国首个地级市破产法庭，致力于推动资不抵债且无力生还的"僵尸企业"依法退出市场，助力尚存优质资产的企业破茧重生。温州法院坚持"应移尽移、应立尽立"原则，率先出台会议纪要，全面启动立案、审判、执行移送破产程序，截至 2021 年底，共有 12 件案件经由立案、审判进入破产程序。

同时，为了推动人员力量、办案理念、程序衔接方面实现协同融合，提高破产审理效率，温州市中级人民法院创设执破联合合议庭制度，加大执行破产

温州城市阳台（摄影：赵用）

案件的力度，将财产处置、财产审计、执行和解等成果沿用至破产程序，避免重复投入司法资源。

继平阳县人民法院办结"全国首例具备个人破产实质功能和相当程序的个人债务清理案件"，瓯海区人民法院引导金融债权人以同意采取双重多数表决规则的方式，变通表决通过清理方案，破解金融债权豁免难题。2021 年 2 月，温州破产法庭裁定终结债务人金某群的个人债务集中清理程序，为银行剥离不良资产提供了新路径。

预重整制度是对债务人企业资产总体上暂缓执行、个别资产优先处置的一种机制，能够盘活存量资产，优化资源配置，合理维护债权人利益，化解债务人企业担保链风险。该制度打通破产审判工作中的制度接口和政策接口，有效开启行政机关端口，充分发挥属地政府的主导、组织与协调作用，弥补司法资源的不足。温州法院先行做好预重整司法备案工作，实现预重整转司法重整在管理人指定、债权审查、财产状况报告等方面无缝对接，有效避免程序衔接不畅的效率低下问题。

以苍南县最大烂尾楼盘"华臣一品苑"为例，该项目位于苍南县城新区核心单元，曾因林垟房地产开发有限公司资金链断裂而烂尾，复工续建的投资压力大、风险高。2020 年 6 月，苍南县人民法院申请对林垟房地产开发有限公司进行预重整登记，牵头组成评审小组择优选定预重整阶段管理人。同年 12 月，债权人会议分组表决通过《林垟房开续建借款及复工方案》，由经公开招募评选确定的投资人出资 3 亿元设立共益债务，并引进品牌建设方负责楼盘的续建及代建代销工作。最终，该项目举行复工续建的完工仪式，历时七年的烂尾难题取得实质性进展。

温州法院还积极推行司法与行政部门合作，在税务、土地、房产等方面探索便利化机制，优化破产程序中税务注销、重整企业信用修复、破产企业简易注销、土地房产分离处置等措施，推动中国人民银行温州市中心支行督促商业银行落实重整企业信用修复制度、市银保监分局引导银行债权人简化减免涉破产企业债务的履行手续。

此外，为进一步提高案件审理效率，降低当事人成本，2019 年 12 月，温州市中级人民法院联合市委全面深化改革委员会等 16 个部门出台《温州市优化营商环境办理破产便利化行动方案》，推动债权人会议网络化，便利债权人参会表决。自此，破产案件审理步入网络化审理快车道，有效破解债权人众多等难题。例如，瑞安市人民法院通过自主研发的"凤凰破产智审"系统召开线上债权人会议，让债权人通过高度集成的智能化窗口，实时听取管理人所作的执行职务情况的报告，核查所申报的债权，接收、查阅会议文件；对债权人会议方式及表决规则、财产变价方案、财产分配方案等事项进行投票表决，真正做到"一次也不用跑"。该系统入选 2021 年度浙江省营商环境改革创新十佳案例和"浙江全域数字法院"第二批试点项目，并在浙江全省法院推广应用。

这些举措夯实了共同富裕基础，确保温州行稳致远。

三

温州的共富样板，确保共富路上，一个都不能少。

在温州出台的《行动方案》中，有大量民生内容，如全面建立新型社会救助体系，构建"一老一小"服务体系，完善为民办实事长效机制，深化公共服务社会化改革，打造"大爱温州、善行天下"品牌，等等。

值得一提的是"医保纾困·携手共富"行动。温州市委、市政府将该行动定位为共同富裕的支撑性举措和"金名片"。

自改革推行以来，截至 2022 年 7 月，全市已累计资助参保困难群众约 14.8 万人、超 1 亿元，困难群众医疗救助待遇支出 6995 万元、商业补充医疗保险倾斜赔付 3211.48 万元，化解 250 多名困难群众医疗自费超 5 万元部分共 1084 万元，"一站式"医疗救助结算待遇享受 41 万人次。这项改革实现困难群众资助参保率、救助政策落实率、高额医疗费用负担困难患者风险化解率、有效预警信息处置响应率"四个 100%"，全市困难人员综合保障率提高到 80% 以上。

温州如何推进"医保纾困·携手共富"专项行动？

首先，强化预防监测，协同加强健康管理。具体做法包括两方面，一是精准锁定保障对象。通过大数据分析、实地走访和专题座谈相结合的方式，全面摸清困难群众地域分布、疾病分布、费用分段等特点，明确困难群众覆盖范围为特困、低保、低边和纳入低保、低边的因病致贫对象及县级以上人民政府规定的其他特殊困难人员，同时对因高额医疗费用支出导致家庭基本生活出现严重困难的大病患者，医疗救助保障可追溯六个月。二是创新"1＋1＋1"帮扶政策。也就是说，一名困难群众与一名干部结对、一名家庭签约责任医生联系、一张责任清单落实，提供健康咨询、定期巡诊、协助办理医保手续等服务。

其次，建立五重保障机制，合力防范因病致贫返贫风险。在基本医保层面，将情感障碍等六个经济负担沉重的疾病纳入特殊病门诊保障，统一规范门诊慢特病（慢性病、特殊疾病）管理，门诊慢特病与住院共用年度支付限额；在大病保险层面，困难人群起付线降低50%，支付比例提高到80%以上，取消封顶线；在医疗救助层面，实行门诊慢特病救助和住院救助共用年度限额，对特困人员取消封顶线；在全民健康补充医疗保险层面，对困难群众住院自负费用和特殊病种高额或创新药品等予以重点保障，预计倾斜赔付规模2000万元左右；在社会救助层面，充分发挥社会力量第三次分配作用，率全省之先筹集设立"慈善医疗救助共富基金"，专项用于困难群众和高额费用负担患者的救急救难事项。

再次，建立高额费用化解机制，有效集成部门帮扶政策。召集民政、教育、医保等部门和社会组织共同参与，建立健全综合保障政策，加大资金保障力度和政策支持力度，以此健全部门联席机制。同时，实施综合保障政策，比如，高效整合临时救助、低收入农户补助、应急救助、慈善救助等资金，将困难群众经多重保障后的高额医疗费用由各地各部门多渠道化解至5万元以下。

最后，建立"医疗救助一件事"平台，数字赋能实现全闭环管理。概括起来，要做到四个"一"："画出一张全要素政策清单"，有效集成整合市民政局、残疾人联合会、退役军人事务局等20多个部门涉及的基本生活保障、住房、教育、医疗、就业等综合帮扶政策，在浙江率先统筹制定一张针对全市困难群体的帮扶政策清单。"布局一张全市域返贫网"，打通全市政务网访问，横向层面全市各部门（单位）均可接入使用，纵向层面县（市、区）、乡镇（街道）互联，接入全市187个乡镇的35个数据接口、185个数据项，可对因病致贫返贫对象家庭住址、救助类型、干部结对、家庭签约医生、救助帮扶等55类要素的精准"画像"。"实施一体全链条监管"，重点监控自费费用占比、综合保障率、合理用药等指标，实现从被动救助转向主动发现、从结果救助转向过程管控、从事后救助转向事前监测三个转变。"享受一站式全流程服务"，通过系统内精准搜索，靠前快速发现因病致贫返贫风险，实现由人找政策到政策找人的转变。

通过以上措施，温州织就了一张温暖的支撑网络，有效防范了居民因病致贫返贫。

四

温州的共富样板，看得见、摸得着、真实可感，体现了温州人对共同富裕的理解。

温州聚焦群众关注的痛点、难点、堵点，全力开展党建引领"共享社·幸福里"建设，统筹推进小区事务共办、阵地共用、多元共治、资源共享，全面构建党建引领下的基层治理新格局，为共同富裕的实现保驾护航。

据不完全统计，温州共有各类住宅小区 2133 个、住户 78.8 万余户、居民 483 余万人，占全市常住人口近 1/2。城市住宅小区已经成为夯实党的执政基础、完善基层治理体系、增进城市居民福祉的重要阵地。为此，温州提出党建引领"共享社·幸福里"建设，以强化党建引领为主线，以促进"扩中""提低"为基本要求，聚焦"一老一少"等重点群体，全面构建党建引领下的居民生活共同体。2021 年，全市 95 个试点社区（小区）全速推进，获得居民的普遍点赞。

2022 年 1 月 11 日，温州市委十二届十四次全体（扩大）会议提出，要以"共享社·幸福里"建设为载体，全面实施"红色根脉强基工程"，加快打造新时代党建高地市域样板。

温州把党的领导摆在"共享社·幸福里"建设的首要位置，全面推进住宅小区党组织应建尽建，2021 年新组建小区党组织 1818 个，大力推动城市社区党组织体系向下延伸。小区在职党员是建设小区和建强小区党组织的重要力量，温州市出台《温州市小区在职党员双重管理服务办法》，推进小区在职党员"亮相报到"，使"工作在单位、生活在小区，奉献双岗位"蔚然成风。

温州把业委会作为改革破题的重点领域，针对业委会白条多、做账难、监督难等问题，探索将业委会登记为民办非企业单位；针对小区账目不清、监管难等问题，探索"业标街管""业财社管"等机制，推动小区财务提级监督，走出了一条小区业委会规范管理的新路子。同时，温州市委组织部联合浙江省农村信用社联合社温州办事处，打造"共享社·幸福里"数字服务系统，整合政法委、民政、人社、住建等部门资源，打通基层治理四平台，开发居民互助共享、小区财务公开、业委会物业满意度测评等功能，提升小区管理服务数字化水平。

由于住宅小区治理机制不够完善，业主与开发商之间、业主与业主之间、业主与物业之间、物业与物业之间等各类矛盾纠纷不断，一定程度上造成市场调节失灵、业主自治失效、居民多数失望的恶性循环，一些小区管理秩序、环境品质甚至"一年不如一年"。特别是小区业委会、物业等主体没有执法权，无法对小区的很多乱象进行有效管理。如何将党委、政府的触角延伸到小区，温州找到了新办法。

龙湾区永中街道万顺社区在街道党工委和相关部门的大力支持下，在龙湾首府、香悦园、万瑞嘉园等小区创新探索"联合执法进小区"，由住建、综合行政执法、街道等单位联合组建专班，梳理与住宅小区密切相关的 45 项执法事项，厘清职责边界线，绘制执法流程图，引导楼道居民微自治，推动小区靓丽蜕变。该社区党委还成立"小区事务听评会""小区共建理事会"等协商议事机构，推行"周二板凳日""生活合伙人"制度，每周二牵头召集小区热心居民搬好"板凳"参与小区事务讨论，并招募一批有志于参与美好家园建设的居民就近创业，促进邻里共商共富。

同时，温州在全市推行镇（街道）干部"日办夜访"制度，建立镇街领导班子成员挂钩联系小区工作机制，全市 2133 个住宅小区均落实挂钩联系乡镇（街道）领导干部一人以上，开展镇街干部、网格员"进小区、访万家"活动，由镇街干部入驻小区业主群，第一时间收集群众问题、第一时间回应群众诉求，有效增进党群干群关系，有效化解社会矛盾。

温州大力开展"邻里节""小区运动会""我为对面办个事"等邻里活动，通过组建技能分享圈、兴趣爱好小组，推动居民文娱共乐、闲置物品共享、居民技能共助、困难群体共帮等社区建设。

2022 年，温州开展社区（小区）"瓯江红"党群服务阵地建设攻坚，打通小区服务用房、架空层场地、闲置国有资产用房等阵地利用路径，构建形成居民 15 分钟到达、至少具有 10 个功能的"1510"党群服务圈。2022 年，温州全市要打造 1000 个具有标志性、引领性、示范性的"共享社·幸福里"示范点，加速形成"共享社·幸福里"随处可见的幸福场景。

温州的共同富裕样板实践，没有现成的模板可以参照，但抓住了做大"蛋糕"、分好"蛋糕"的双重逻辑，打造出具有温州辨识度的共同富裕示范样板。

幸福
日志

灯光改造

新风系统

可调节课桌椅

温州打造"温馨教室"工程，为义务教育阶段学校中的 5000 个教室安装空调及新风系统，进一步优化学生在校学习环境。

四

温州实施"畅通美丽"工程，整治 10 个堵点，打通 20 余条断头路，新增停车位 1.5 万个，市区困难群众、持证残疾人和 65 周岁以上市民凭卡免费乘坐公交车；新增绿道 110 公里，提升绿道 50 公里，新增水上碧道（美丽河道）100 公里。图为龙港九龙河。（摄影：林利）

温州实施"优托护苗"工程，新增 0～3 岁婴幼儿照护托育机构 25 家，新增托位 7500 余个，其中新增普惠托位 4500 个，新增可视互动"安心托"50 家；新（改、扩）建公办幼儿园 50 所，新增公办幼儿园学位 1 万个。

二

通过"幸福颐养"工程，温州打造示范型居家养老服务照料中心 110 个，新（改）建农村老人活动中心 60 余个，新建（改建）老年食堂 200 个；新增认知障碍照护专区床位 900 张，新增持证养老护理员 1000 人，为 2000 户高龄独居失能老年人家庭安装智能安全守护监测设备，新建老年学堂 30 所，实施"银龄跨越数字鸿沟"培训 10 万人次。（摄影：刘伟）

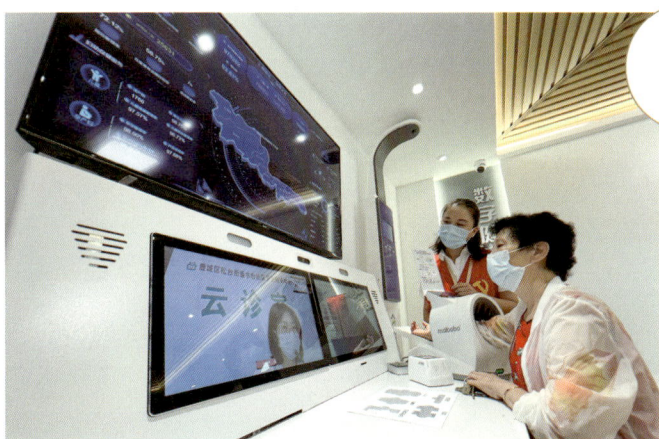

（五）2022 年，温州完成回迁安置 7000 余户，建设筹集保障性租赁住房 4 万套（间），老旧小区改造完工 65 个，既有住宅加装电梯 130 余台，为 70 个居民小区实施二次供水改造提升。图为鹿城区藤桥镇崭新的安置房。（摄影：苏巧将 戴武杰）

通过"食药无忧"工程，温州创建城乡放心农贸市场 40 家，100 家农贸市场建立食品安全数字化追溯体系。开展"你点我检"食品抽检 800 批次，新增食品生产企业"阳光工厂"100 家，建设民生药事服务站 30 家。

温州的"扶残助弱"工程，为 5000 户独居老人、残障人士居所实施消防安全改造，提升建设孤独症儿童康复机构 11 家，为 1000 名孤独症儿童提供康复训练补助，提升建设"残疾人之家"40 家，实施重要公共服务场所无障碍改造 130 处，在公共场所新增 AED（自动体外除颤仪）250 台。（摄影：郑鹏）

九

温州实施"明眸皓齿"工程，新改造 4000 套教室交互式多媒体，新配置 11 万套手摇式升降课桌椅，为 7 万名适龄儿童免费实施窝沟封闭。（摄影：项绍雄）

八

温州"共享惠民"工程，打造瓯江红"共享社·幸福里"党群服务阵地 500 个，组织开展部门联合服务进小区 1200 余场次，建立共享书房、共享车位、共享厨房等共享空间 800 余处，建成"15 分钟品质文化生活圈"850 个，新增城市书房 25 家、文化驿站 20 家、乡村博物馆 60 家，新增体育公园（体育设施进公园）6 个、百姓健身房 50 家。图为温州龙舟运动中心。（摄影：王斌）

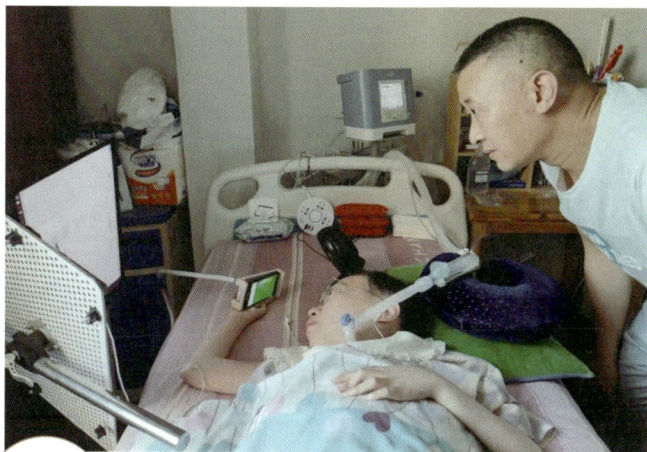

＋ 通过"医保纾困"工程，2022 年温州全额资助 14.7 万名困难群众参加商业补充保险，救助经多重保障后自负费用仍超 5 万元的高额医疗费用困难群众 380 余人，新增 6 种特殊病种享受基本医保住院待遇，实现困难群众资助参保 100%、医疗救助 100%、高额费用化解 100%。

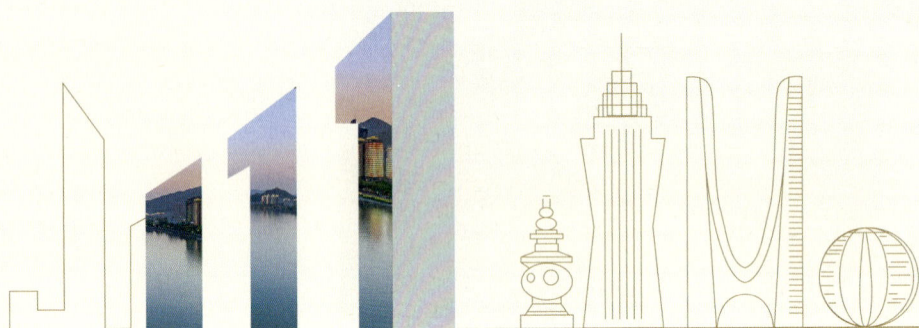

杭州富阳区

一个个成绩带来的实实在在的各种变化，是能级之变背后的幸福历程。

"天下佳山水，古今推富春。"富阳，古称"富春"，是《富春山居图》的原创地、实景地，是杭州最具潜力和动能的新型城区。区域面积 1831 平方公里，地处东经 120 度、北纬 30 度的整交点，辖 24 个乡镇（街道）。2021 年，拥有常住人口 83 万人。

高水平绘就"富春山居"幸福图

"天下佳山水,古今推富春。"富阳,这个面积1831平方公里、常住人口83万人、"大杭州"最具潜力和动能的新型城区,因江而名、因江而兴。

千百年来,一川如画的富春江穿城而过,江南江北山水相依、两山夹江遥相辉映,江边有城、江中有岛,形成了独一无二的富阳。

从古至今,无数文人墨客流连富春山水,留下无数诗画。在这些写给富春山水的"情书"中,黄公望《富春山居图》影响极大。这也是富阳人感念最深的"情书",以至于在600多年后,富阳开启了高水平描绘现代版富春山居图的幸福历程,让"富春山居"呈现的人与自然和谐相处的人居梦想照进现实。

2017年,中央领导在中央农村工作会议上强调,要打造各具特色的现代版富春山居图。作为《富春山居图》的原创地、实景地,打造现代版富春山居图是富阳践行党和国家殷殷嘱托的重大责任,是富阳一以贯之坚守的目标定位,也是富阳推动幸福城市治理的核心要义。

对富阳人来说,幸福是什么?幸福在哪里?富阳正用行动来诠释:高水平描绘现代版富春山居图。

杭黄高铁、地铁六号线、彩虹快速路、春永线建成投用,断头路打通……外联内畅的立体式交通网络正在加速完善,城市框架迅速打开,21分钟到杭州、五小时抵北京,富阳一步通达全国。

搬迁 6000 余户家庭、推进秦望区块有机更新，建设富阳独一无二的"城市眼"、打造拥江发展新地标；吹响"挺进江南"号角，破立并举擘画"四个十"建设蓝图……江南江北城市焕然一新，"半边脸"现象消失。

持续近十年改造提升老旧小区，铺设基础管网、完善功能设施，老小区焕发新活力；精品街景、精品江景、精品夜景，一系列精品工程致力重现"五十里春江花月夜"盛景。

淘汰造纸、拔除烟囱、关掉矿山，杜绝污染、拒绝"黑色 GDP"；推进杭州富春湾十平方公里生态湿地、阳陂湖生态湿地、银湖公园建设，城市"绿肺"润泽一方人，公望先生笔下的富春山水本来面目渐次展现。

在富阳当地媒体发起的"富阳年度汉字评选活动"中，"变"字频频出现，其背后正是 83 万富阳人高水平描绘现代版富春山居图的发展历程，更是一个个成绩带来的实实在在的各种变化，是能级之变背后的幸福历程。

———

富阳之变，在动能。

"产业转型升级"，简单的六个字，几乎是每个区（县、市）的共同目标，但富阳有更大的勇气和魄力，既大刀阔斧，又抽丝剥茧——用近两代人的时间来改变原有的发展轨迹，实现翻篇归零再创业。

"八山半水分半田"的富阳，有流水、有竹子，于是有了早期的手工纸产业。无论是宋代的元书纸，还是改革开放后生产队、小作坊生产的草纸，产量虽然不高，但名气着实不小。然而，造纸产业真正带动富阳人民致富，却还是引入机器设备改造白板纸之后。

对富阳人来说，造纸产业令他们"爱恨交织"。一方面，作为 20 世纪初期三大支柱产业的代表，造纸产业实打实地撑起了产值的"半壁江山"：鼎盛时期造纸企业有 400 余家，产值占富阳工业产值的四分之一、税收的三分之一，相关从业人员 10 万人，摘得"全国白板纸基地"的称号。翻看富阳 20

余年功勋企业榜单，其中一半为造纸企业。另一方面，造纸产业造成了很大的环境问题。大源溪流经大源镇、灵桥镇两个乡镇，镇里五六十岁的居民记忆里都有一条"清澈见底、鱼游浅底"的溪水，他们也见证了造纸废水排入溪后那段"五颜六色"、臭不可闻的岁月。

与造纸产业相似的还有铜冶炼产业、锌化工产业、石头经济等，都属高能耗、高污染的产业。可以说，早年的富阳人，钱袋子虽然鼓了，但是生活环境并没有提高。

一边是大量的就业和税收，一边是环保的压力、居民对美好生活的需要，是要绿水青山，还是要金山银山？富阳走到了十字路口。

转变发生在 2005 年。2005 年 9 月，有关领导来富阳调研水环境整治，先后考察了大源溪塔堰村段和春江污水处理回用工程，要求把发展生态经济特别是循环经济摆上重要位置，转变经济增长方式和发展模式。富阳也深刻地认识到，产业发展不能再走老路——依靠牺牲环境来换取经济，必须另辟新路。

冒着经济下滑的巨大风险，富阳开启长达六轮的淘汰整治落后产能工作。2017年，富阳区委、区政府痛下决心，对造纸产业从"去产能"到"去产业"。一字之差，千钧之重。为实现这一目标，富阳启动杭州富春湾新城建设，提出要用三年时间全面腾退造纸产业，同时擘画"四个十平方公里"蓝图，许江南人民一个全新的未来。在这个共同目标激励下，农户、企业纷纷响应，配合拆迁腾退。有意想继续创业的企业，还可享受"留心留根政策"，与当地发展寻求"最大公约数"。截至2021年初，随着富春环保富阳基地的两根烟囱停止冒烟，属于造纸的时代彻底成为过去。

在富春江北岸的富阳经济技术开发区，围绕地铁沿线建设，也在持续淘汰"低小散"企业，做好"退低进高""退二优二"文章。以银湖科技城六大地铁站点一公里范围为重点，累计腾出空间10939亩，腾退低效企业237家。

富阳人栽下梧桐树，果然引来金凤凰。即便经历"腾笼换鸟"这样伤筋动骨的过程，富阳的各项数值也没有出现断崖式下降，而是实现了软着陆。为什么？答案很简单：边破边立。在一手抓腾退的同时，富阳招引的步伐从来没有停止过。

2019年，中国科学院上海光学精密机械研究所（简称中科院上海光机所）在富春湾新城揭牌，这个名动全国的科研机构，一入驻就带来了12个孵化项目。2022年1月，富阳区人民政府与中科院上海光机所签约，合作引入菲利普·罗素（Philip Russel）教授领衔的国际著名科学家团队，在杭州光学精密机械研究所新建罗素光波科学中心。2022年10月，富阳区人民政府与西湖大学签约，双方将合作建立光电研究院。富阳的通信产业在进入"新时代"以后迎来新发展，实现产业升级换代。

2022年8月，富阳与滨江共同推进的杭州高新区（滨江）富阳特别合作区（简称滨富特别合作区）挂牌成立。作为全省首个跨区域协作案例，滨富特别合作区以"富阳交地、滨江耕地"方式运行，落地了富芯、宏华数码等一批优质企业，实现企业和滨江、富阳"两地三方"共赢。

在富春江南岸轰轰烈烈开展产业转型之际，富阳经济技术开发区同样在铆足劲护航富阳经济高质量发展。经过三十年的辛勤耕耘，开发区各个区块已经呈现鲜明特色、实现错位发展。尤其是银湖科技城，近些年来依托地铁红利越来越受到高新企业的关注，数十幢总部楼宇拔地而起，上万名年轻人活跃在新城的角角落落。

2022年10月，"润歌互动"港股挂牌上市。目前，富阳开发区已有金固股份、中泰股份、星帅尔、张小泉、天铭科技、润歌互动等六家上市企业，工业产值突破1000亿元。

二

富阳之变，在风貌。

富阳人明白，要致富，先修路；要幸福，修好路。富阳重塑了"外联内畅"交通体系。

自2014年撤市设区以来，富阳坚持交通先导，加快城市内循环建设，高品质建设"四好农村路"。五年建设农村公路近400公里、建设美丽经济交通走廊300余公里；打通"断头路"，仅2021年就打通高桦线（沈家坞段）、高泰线、巧下线、徐樟线骆村段等七条断头路，春永快速路、富春湾大道、大盘山隧道等交通工程的建成通车，使城市板块"勾连"更加紧密；畅通城市"微循环"，打通文教北路、东兴路等一批群众关心关注的"卡脖子"路，让市民出行更加便利。

作为杭州大都市的重要一极，富阳坚持下好交通融杭"先手棋"，全力推进"三铁三高三快速"立体式交通体系建设，构建"外联内畅"的交通圈层，真正实现与杭州同城同待遇。

富阳人记录了一些重要的节点：2018 年 12 月，杭黄高铁开通运营，富阳实现了高铁从无到有的跨越，正式融入杭州半小时交通圈。2020 年 12 月底，杭州绕城高速西复线正式通车，地铁六号线开通，彩虹快速路通车，进杭通道不断增多加密。2022 年 9 月 22 日，富阳第二条高铁线路合杭高铁湖杭段启用，从富阳西站出发，往西可达合肥、商丘，往北可至南京、北京，往东可到上海、苏州，一路南下可抵达温州乃至福建，富阳的"高铁朋友圈"再次扩容。至此，"综合一体、外联内畅、智慧绿色"的现代化综合交通体系基本形成，"15 分钟进出快速路系统、20 分钟进出高速路系统、30 分钟生活通勤"的交通蓝图成为现实。

良好的生态环境是最普惠的民生幸福，富阳的风貌之变，也在望山见水的乡村故事里。

富阳"八山半水分半田"，自然人居环境得天独厚。然而，在很长一段时间里，这里山蒙尘、水发黑、房子老破旧，群众意见颇大。

比如渌渚镇，曾是富阳乃至杭州最大的建材集散地。运沙船、渣土车通过陆路、水路，从四面八方汇聚于此，镇内日渐尘土飞扬。为还富春山居以本色，自 2016 年起，渌渚镇开启大规模的建材行业整治行动，拆除十多个码头、关停 20 余家制砂场和多个矿山，从此泥沙、扬尘几乎绝迹。

隔富春江远远相望的春江街道，曾经把"村村冒烟"视作工业经济发达的象征。居民陆续逃离这片世代居住的土地，留下来的人则一直将门窗紧闭。究其原因，正是大量烟尘造成了空气污染。从 2017 年起，富阳启动富春湾新城建设，关企业、拔矿山，江南岸从烟囱林立变为高楼林立。

美丽乡村"颜值"变"产值"的故事在富阳俯拾即是。2019 年，龙鳞坝横空出世，成为点燃湖源乡村旅游的引擎。夏至未至之时，杭州周边地区的游客总喜欢来到湖源乡龙鳞坝玩。在这个日渐喧嚣的时代，带着孩子嬉水、度假成了许多家长难得的休闲时光。从十年前名不见经传的偏僻乡镇，到如今游客纷至沓来、青年返乡创业的国家级生态乡，湖源乡成功破译出藏匿在青山绿水

间的共富密码。据统计，2021年湖源乡累计接待游客96.7万人次，实现旅游收入4820万元。

富阳的风貌之变，在绿水青山之间。十年来，富阳践行"绿水青山就是金山银山"理念，全方位提升人居环境，累计关掉露天矿山39座、拔除烟囱数百根，PM2.5浓度从74微克/米^{3}下降到30.3微克/米^3，降幅达59%；优良率也从最低的72.3%上升至92.3%，提高了20个百分点；富春江干流水质连续七年保持"优秀"水平。"富阳蓝"逐渐成为当地人随时可见的色彩，富阳也成功创建国家生态文明建设示范区，创获中国天然氧吧、浙江省清新空气示范区，连续四年在"美丽浙江"考核中获评"优秀"。

　　截至 2022 年，富阳已建成 10 个省级美丽示范乡镇、22 个省级新时代美丽乡村达标村、23 个省级美丽乡村特色精品村。同时，富阳区以"富春山居"品牌为底色，持续打响"百花大会""江鲜大会""味道山乡"等特色农旅品牌，乡村旅游接待游客数量和营销收入较往年均有大幅提升。

　　绿色生活，同样体现在越来越美的城市环境上。近年来，富阳将老旧小区整治列为政府为民办实事项目，每年安排一定的政府资金持续改造老旧小区，对小区的管网、道路、线缆、绿化、停车位等事项重新布局，实现了老区换新颜，市民纷纷点赞。

　　2021 年，秦望搬迁户徐燕"双喜临门"：一是拿到了安置房的钥匙，二是位于公望街上的餐厅营业。2017 年，富阳启动秦望区块有机更新，包括徐燕在内的 6000 余户居民搬离了原先逼仄难见阳光的弄堂。令他们惊喜的是，仅时隔四年，他们就分到了可媲美品牌房企的安置小区。小区不仅有大草坪、配套幼儿园、品牌物业，周边还有阳陂湖湿地、区第一人民医院等公共配套，真正是"兼田园之美、具城市之利"。

十年来，富阳累计完成老旧小区改造 58 个，新增停车泊位 1.2 万个。在改造时期，工作人员多方听取意见，面对众口难调的局面，多次论证方案，以"绣花功夫"将小区面貌一寸一寸地进行改变。

三

富阳之变，在品质。

换句话说，富阳以人民为中心，围绕高质量发展建设共同富裕示范区，改善民生，努力实现城市品质之变。

一方面，富阳聚焦公共服务的优质共享。

2021 年 5 月 20 日，党中央、国务院正式印发《关于支持浙江高质量发展建设共同富裕示范区的意见》，赋予浙江先行探路的光荣使命。同年 7 月，浙江省公布高质量发展建设共同富裕示范区首批试点名单，富阳是杭州在"公共服务优质共享领域"唯一入选的区。

为促进公共服务优质共享方面先行先试，加快形成一批可复制、可推广的经验做法，富阳制定了《富阳区公共服务优质共享三年行动计划》，加快打造幼有善育、学有优教、病有良医、老有颐养、住有安居、弱有众扶、劳有厚得这七张"金名片"，提升对人的"全生命周期"服务，着力建设"15 分钟公共服务圈"。

比如，富阳突出"托幼一体化"办学方向，引进了全省首家设有"乳儿班"的托育机构，并实现了学前教育普及普惠。近五年，富阳累计投入教育资金 108 亿元，建成中小学、幼儿园 35 所，新增学位 1.68 万个，满足群众

"学有优教"需求。除富阳中学、银湖实验学校等本地品牌学校之外，富阳还引进了杭州第二中学、求是教育集团等优质资源，构筑了从幼儿园到高中的教育新格局，创获全省教育基本现代化区。

2021年9月，国家发展和改革委员会公布全国首批14个运用智能技术服务老年人的优秀案例，富阳首创的"空巢老人智慧守护系统"入选，并获央视新闻频道《新闻直播间》栏目报道点赞。该系统通过遥感监测老人位置、体温、活动状态等数据，判断老人是否发生意外，配合触发式感知设备，搭建多层次守护工作台，实现24小时监测全天候、意外零时差发现、2.8秒预警秒发送，筑牢"生命救援防线"。

为破解外来务工人员"租房难"问题，富阳创新开展蓝领公寓"职住一体"模式。在富阳首个蓝领公寓CCB建融家园，每层都设有洗衣房，公寓内还设置了两层公共空间，包含阅览室、网吧、影音室、迷你KTV、共享厨房、健身房等各种免费的功能区，让外来务工人员感受家一样的温馨。截至目前，富阳共改建蓝领公寓面积3.3万余平方米，公寓932间，累计解决1.4万名外来务工人员租房问题。

在浙江省委社会建设委员会开展的2021年度民众获得感、幸福感、安全感、认同感"四感"监测评价中，富阳以综合评价得分86.39分居杭州市第一。

另一方面，富阳聚焦民生领域的改革创新。

在富阳，创新的案例不胜枚举。

比如，富阳以数字化改革为牵引，系统破解"不愿认""不能认""不敢认"三大难题，打通医疗机构之间医疗数据共享互认的"高速路"，率先实现医学检验检查结果互认共享。2022年初，"医检结果互认共享创造医改'富阳经验'"入选"中国改革2021年度地方全面深化改革典型案例"。

比如，为有效破解"骑手进封闭式小区送单难"，打通骑手送单"最后100米"，富阳在全国首创"骑手工作证"。11个小区"亮证送单"试点近两个月，骑手离职率显著下降，送单量增加，且实现零投诉。

　　比如，针对预付卡监管部门众多、权责不清等问题，富阳以数字化改革为牵引，出台单用途商业预付卡全周期治理数字化管理办法，建立预付式消费执法联动机制，通过"部门监督、银行托管"模式，助力消费者安心消费。截至目前，"富春预付码"数字化监管服务平台累计上线商户 1008 家，充卡金额 1.45 亿元，发卡 150.79 万笔，未发生一起预付卡消费纠纷。该项目获评浙江省高质量发展建设共同富裕示范区（第一批）最佳实践案例（"公共服务优质共享先行示范"领域）。

　　通过提升城市品质，富阳全力打造人民满意的"幸福之城"。

四

　　富阳之变，在精神。

　　一方面，富阳精心培育城市文化品牌。

　　作为《富春山居图》原创地、实景地，富阳启动了一系列文化复原工作，着力将黄公望与《富春山居图》培育成为城市文化品牌。黄公望隐居地经过多年精心打造，于 2019 年被评为国家 AAAA 级景区。同时，还依托"海峡两岸交流基地""两岸文化创意合作实验区"两块国家级金字招牌，积极筹建"公望两岸文创产业园"。2022 年，"公望两岸圆缘园"正式开园，进一步推动两岸文化交流和文创产业融合发展。

　　2016 年 9 月，富阳区首个"文化地标"、位于富春江畔的富春山馆正式开馆。这是国际知名建筑师王澍获得普利兹克建筑奖后的首个作品，被称作建筑版《富春山居图》。时至今日，富春山馆不断向外界传递艺术价值与审美理想，充分展示"富春山居"独特魅力。

　　2022 年国庆期间，富阳自主打造的"富春山居号"游船开启试运营，"富春山居实景游"触手可及。在江滨西大道精品江景、一江两岸夜景灯光、北支江沉浸式夜游等项目加持下，"百里富春山居图 五十里春江花月夜"盛景次第呈现，《富春山居图》这一 IP 不仅兴盛在纸笔间，更充盈于实景中。

　　富阳大力推进文艺精品创作，擦亮富春山居文化标识。近年来，富阳推进"新时代文化兴盛"行动，把"一条江、一幅画、一张纸、一批人、一座城"作为城市文化标识，加大文艺精品创作力度。文艺家借助文学、民俗声乐、当代舞美、现代科技，尽情演绎古今传奇，让"富春山居"潜移默化地深入人心。

富阳正大力实施文化基因解码工程，推出《富春山居文化解码》全媒体系列报道，让富阳百姓得以重新认知审视这片山水之于这座城市的深远价值。同时，应文化人"呼声"而启动的"重走东坡古道"活动，深入挖掘富阳宋韵文化，进一步厚植现代版富春山居图文化底色。

另一方面，富阳强化公共服务供给凝聚，引领精神共富。

十年来，富阳24个乡镇（街道）都设立了综合文化站，276个行政村均建成具有地域特色的农村文化礼堂和农家书屋，46个社区完成社区文化家园建设。全区建成13个城市书房、两家文化驿站、90个"15分钟品质文化生活圈"，深入开展"家在富春江上"文化惠民品牌活动，以更多新型、优质、便捷的公共文化空间供给，推进公共文化服务普及化、均等化，满足群众日益高涨的品质文化生活需求。

丰富的文化供给温润百姓心灵，深厚的人文底蕴孕育文明风尚。富阳深入培育和践行社会主义核心价值观，生动开展全域精神文明创建。比如，道德模范（平民英雄）评选、"富阳好人"选树等活动的持续开展，让文明种子撒满富阳。在此基础上，富阳打造"文明一立方"的全新文明品牌，并在全区启用"富春风尚汇"数字化应用场景，礼让斑马线、排队守秩序、礼仪待宾客、垃圾不落地等文明实践成为市民的生活日常。

黄公望先生用自己的画作《富春山居图》，向世人展示了他心目中的幸福富阳，山水有清音，笔墨有深意。今日虽已无黄子久，亦可再画"富春山"。如今的富阳，用日新月异的变化、清晰可触的收获，积累了越来越多的幸福经验。

幸福
日志

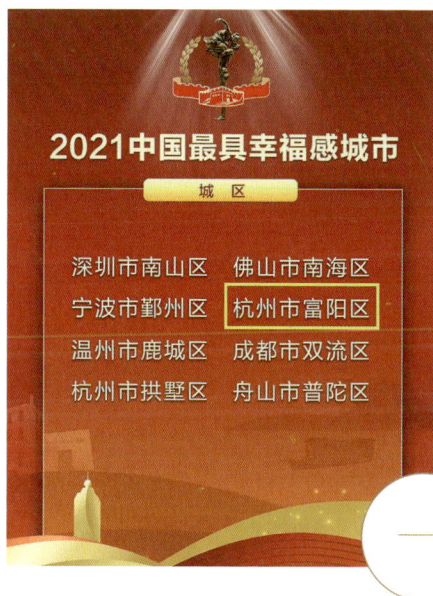

2021中国最具幸福感城市

城 区

深圳市南山区　佛山市南海区
宁波市鄞州区　杭州市富阳区
温州市鹿城区　成都市双流区
杭州市拱墅区　舟山市普陀区

一

富阳数次获评"中国最具幸福感城区"。

阳陂湖历经三年生态修复治理重获新生，成为富阳城区乃至杭州都市圈内重要的生态绿肺。

四　富阳率先实现医学检验检查结果互认共享，成为"数智医改"的全国样板。

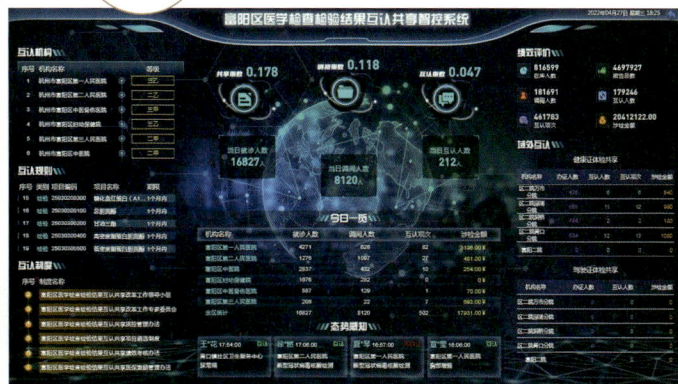

五

传统造纸产业全面腾退，富阳实现"一纸江南"到"智创江南"的华丽蜕变。

富阳启动"迎展行动"，着力将现代版富春山居图的"四梁八柱"基本立起来，向世界展示初具魅力的大都市新城区。

（六）富阳成为浙江省首批 28 个高质量发展建设共同富裕示范区试点之一，也是杭州在"公共服务优质共享领域"唯一入选的区。

（七）高起点规划、高标准建设、高水平治理令富阳蝉联全国综合实力、绿色发展、投资潜力三大百强区。

富阳区全域启用"富春风尚汇"应用场景，打造全社会"精神共富"大场景。

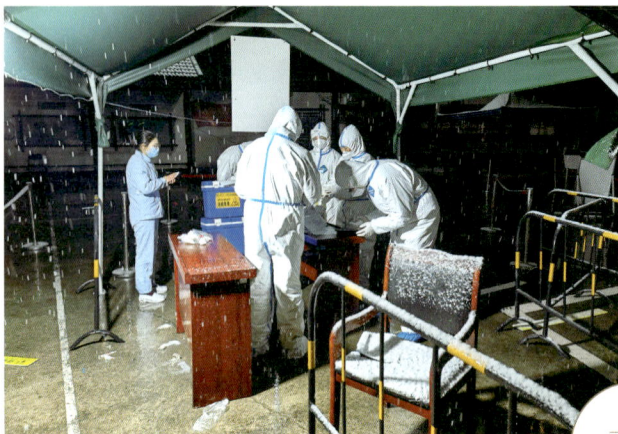

作为浙江首次迎战奥密克戎病毒疫情的重点区域，全区广大干部群众日夜奋战、众志成城，打赢"1·26"疫情防控阻击战。

九

十一

"富春山居号"游船，"百里富春山居图 五十里春江花月夜"盛景可触可感。

富阳启动"助企纾困"专项行动,定点帮扶、全员走访、高效服务,支持企业挺得住、过难关、有奔头。

十一

十二

湖杭高铁、大盘山隧道等一大批重大交通项目集中竣工,富阳实现城市能级新跃升。

成都
双流区

沿途皆风景，一路创幸福。

　　双流，古称广都，位于成都市中心城区西南面，以左思《蜀都赋》"带二江之双流"而得名，距今已有2300多年建城史，国家级天府新区、自由贸易试验区和临空经济示范区的重要承载地。管辖面积466平方公里，辖9个镇（街道），常住人口165.32万人。2021年，地区生产总值达1130亿元，位列"全国百强区"第29位，数次获评"中国最具幸福感城区"。

开往幸福的助企列车

双流或许是许多人进入成都后接触的第一个地名。位于成都市西南面的双流，是双流国际机场所在地，在 2021 年 6 月 27 日天府国际机场通航前，这里是唯一的民用国际机场。

双流区隶属于四川省成都市，位于成都市西南面，古称广都，公元前 127 年汉武帝在此置广都县，隋代改为双流县，2015 年撤县改为双流区。

双流，以《蜀都赋》中"带二江之双流"得名，但现在的双流，正如江水奔流于幸福的大江大河，一路向前。

这里既是国家级临空经济示范区，也是古蜀文明发源地之一。"丞相祠堂何处寻，锦官城外柏森森"，杜甫诗句里感念的蜀相诸葛亮就是在这里屯兵牧马。

双流人说，世界上最幸福的事，莫过于在生活的城市找到快与慢的平衡。

双流彭镇古街上，有一家雅致古朴享受慢时光的沇乡书局。其创办人曾是一位"北漂"，最终选择"归根"双流，"去过很多城市，只有漫步在双流的古街，才能找回内心的宁静，感受到久违的安定，或许，这就是我要寻找的幸福之城。"这里还有老茶馆、1.5 万亩湿地公园、空港花田……在双流，人们慢下脚步，体验静谧与安定。

但双流人的幸福也在于"快"。在距离宁静彭镇古街三公里之外的成都芯谷，是另一番幸福涌动的繁华。在双流区东升街道国芯大道上，高档写字楼整齐排列，吊塔长臂挥舞，支路里车辆川流不息，上班族行色匆匆。这里坐落着成都芯谷、双流新地标、城市新中心等。成都天府新区双流人才服务有限公司人才服务专员周玲来双流多年，说起就业环境的舒适，她露出满足的笑容，"你看，我们幸福中心的办公环境有多好，咖啡厅、全家超市、健身房一应俱全，停车方便，交通便捷，离家也近。"

让创业者在门口招工，助推企业稳产增效益，在双流，这种"幸福"叫家门口就业。百姓乐业的基础是就业，就业的机会来自企业。双流抓住了这个最基本的幸福逻辑，打造稳定公平、可感可及的营商环境优势，为建设幸福双流奠定了坚实基础。

持续推进营商环境综合改革正是双流开往幸福的新式列车，沿途皆风景，一路创幸福。那么，国际化营商环境的双流模式是如何打造的？

————一

成都云天励飞技术有限公司坐落于成都东航中心，是一家人工智能企业，经营范围包括信息技术、智能设备、人工智能研发等。

接受媒体采访时，成都云天励飞技术有限公司负责人告诉记者，在 2021 年的一场"企业咖啡时"活动中，他提出了两个诉求：一是作为双流的本土企业，期望能够全面参与到双流智慧城市、智慧园区及其他智慧场景的建设中，与双流共同成长，为双流的发展贡献一份力量；二是期望双流优质的营商环境能够为企业吸引更多优质的人工智能领域的专家及人才。他说，令他十分吃惊的是，这些诉求在会场上立即得到了回应。会后，就有相关职能部门的专人联系他进行对接。而且，政府相关职能部门的工作人员后来经常主动上门了解企业的需求。他感受到了双流一流的营商环境，"真正为我们企业的发展铺好了路，搭好了桥，我们十分有信心，在双流区委、区政府的带领下，我们一定能够拥有美好明天，一起为双流的发展贡献力量"。

该公司负责人参加的"企业咖啡时"活动早已经被双流企业所熟悉，已经

"空港·云"城市会客厅（摄影：刘伟）

历了从 1.0 版本到 4.0 版本的华丽升级。

双流以"企业咖啡时"活动为平台，搭建政企交流渠道，促进了企业难题解决，用心用情服务企业。双流是如何泡好这杯暖心的"咖啡"的？

做法一：领导当"服务生"，线上线下全场景服务企业。线下模式即"面对面"，采用"1＋N"模式，由区委、区政府领导和部门领导作为"企业服务生"，与企业面对面交流，为企业解决发展难题。据悉，自 2018 年 9 月"企业咖啡时"活动开展以来，截至 2022 年 9 月，已经累计开展活动 840 场次，收集企业诉求 8299 件，办结率 100％，满意率 98.88％，成为双流解决企业诉求的有力途径之一。线上模式即"心贴心"，其做法是在"云上双流"App 开辟《企业咖啡时》专栏，为企业提供政策查询、申报等一站式服务。据统计，截至 2022 年 9 月，该专栏共计发布了城市机会清单 10 批、惠企政策 110 批次，累计阅读量超 130 万人次。

做法二：干部当"首席代表"，全天候解决企业困难事。双流开通了"企业咖啡时"企业服务热线"83790000"、"首席代表"微信服务群等交流群，并组建了136名"政府首席代表"服务生、1165名企业联络员，不分昼夜24小时为企业提供政策咨询、诉求受理等服务。同时，还建立完善诉求不拒绝、分级派单、三方测评等工作机制，以此提高诉求办理的质量和效率。

做法三：部门当"联络官"，全方位建设"校地企研"合作平台。在常态化开展"企业咖啡时"活动基础上，双流统筹协调解决本区域高校院所的问题与诉求，促进高校院所科技成果在企业落地转化、促进人才精准输送，搭建政府、大院、大所、大校、大企的对接平台，创新开展"科创菁英汇"活动。截至2022年9月，该活动共计开展了21场，收集了12家高校院所的48条诉求，解决率达到92.3%。

双流的这杯"咖啡"，不仅温暖企业的心田，更为企业发展激发源动力，给企业提了神醒了脑，已经成为双流优化营商环境的一张金字招牌，先后入选2019年成都网络理政十大创新案例、2020年成都国际化营商环境建设区（市）县十佳创新案例等。

二

为加快建设稳定公平可及营商环境标杆城区，营造综合最优的政策环境、透明高效的政务环境、公平竞争的市场环境、轻装上阵的成长环境、齐心创业的发展环境、亲商扶商的人文环境，双流区出台了独具区域特色的营商环境4.0版本，共包括225条工作措施。截至2022年9月，已完成了其中的186项，完成率达到82.7%。

首先，从深化机制体制改革入手，夯实政务服务基础。

具体包括三个方面。

一是落实领导分工，协调统揽全局。2022年3月，成都市双流区深化"放管服"改革优化营商环境工作委员会成立，高能级建立了更强有力的

"1＋1＋N"领导分工负责制，进一步发挥区委、区政府统揽全局、协调各方的领导作用，推动全区深化"放管服"改革优化营商环境决策部署落地见效。

二是吸纳先进经验，创新政务服务举措。在不断学习国内外先进地区经验的进程中，双流进一步深化"放管服"改革，优化营商环境，在全省率先推出水电气信"一件事"一日报装、"证照联办"、"证照并销"等改革，通过组建"金牌管家"党员志愿服务队等政务服务创新措施，持续服务市场主体全生命周期发展，助力打造新时代"企业容易做生意的地方"。

为推进"最多跑一次"改革向公共服务领域延伸，双流区行政审批局通过"综合窗口一次受理，供应单位提前服务，外线事项并联审批，所有资料内部共享，全部流程部门跑腿"等方式，推进水电气信报装"一件事"改革，在全省率先实现水电气信报装一日办结。通过该项改革事项的推进，双流区将原来用水报装所用15个工作日、用电（低压非居民用户）报装所用5～7个工作日、用电（高压）报装所用21个工作日、用气报装所用15个工作日统一压减为一个工作日。水电气信供应单位在收到企业正式报装信息后及时接通，企业水电气信报装即可实现一日办结。这样的举措切实提高了水电气信接入的效率和服务水平，提升了企业获得感和满意度，让企业感受到双流优良的营商环境。

为了便民利企，双流率先推出针对适用食品经营许可"申请人承诺制"连锁企业的"证照联办"新模式，简化营业执照、许可证办理材料，形成市场主体开办事项清单。也就是说，办事群众只需一次申请，提交一份材料，证照同步办理，即可实现证照一手拿，准入准营一步到位。此项改革举措同时也延伸至符合法定发证发照条件的教育机构审批领域，打破前置审批和后置审批模式，并通过靠前服务的方式，将"先办理《民办学校办学许可证》，再办理《营业执照》"两个环节整合为一个环节，实现证照"一并办理、同步发放"，办理时限由承诺时限35个工作日压缩到两个工作日，进一步扩大了改革外延，方便更多市场主体。

为深入推进企业注销"一件事"改革提质扩面，解决企业在营业执照、许可证注销"跑多次、进多窗"等问题，双流着力提升企业注销"一件事"全流程便利化水平，全力打造审批服务新场景，制定了《"证照并销"一件事改革实施方案》，并同步开展企业"证照并销"改革。这项改革实施目录制管理，全区第一批"证照并销"许可事项共有25项，申请营业执照和目录中相关许可证注销的，均可按照"证照并销"模式办理。企业群众通过"一表申请、一窗受理、一网通办、内部流转、一次性注销"的办理模式即可完成证照一并注销的办理，从而最大限度实现"减材料、减时间、减环节、减跑动"，切实提升了企业、群众办事的幸福感。

双流还创新开展帮办代办志愿服务，打造集行政审批、公共服务、政策解读等于一体的全功能、全要素、全域覆盖的红海棠金牌管家党员志愿服务队，并为此进行了深入细致的探索创新。比如，组建"最能干"专员队伍，变"人找服务"为"服务找人"。区政务服务大厅从相关业务科室选派政治素质高、业务能力强的业务骨干组成红海棠金牌管家党员志愿服务队，形成金牌管家党员志愿服务队组建方案，深入基层开展服务，现场解决企业、群众办事过程中的疑难问题和开展政策解答，为企业、群众提供"一对一"帮办代办服务，确保企业、群众办事"只找一人，一站到位"。比如，通过梳理"最常办"事项清单，变"分散等办事"为"组团送服务"。服务队通过梳理全区群众和企业高频、重点办事项目，对商事登记和行政许可等审批服务事项进行整合，制定首张"金牌管家"服务事项清单，涉及企业设立登记、招牌设置许可、教育培训机构办学许可等119个事项。针对群众反映的工作时间内请假办事难等问题以及特需办事企业群体、需大量集中办理事项等情况，服务队通过推行错时服务、"83790000"专线预约上门服务等方式，及时回应服务需求，制定个性化服务方案，召集事项办理部门，组团上门提供全方位、一条龙服务。比如，通过"最人气"服务站线的设计，变"单一服务"为"多元模式"。换句话说，服务队实行"实体大厅＋预约定点"模式，在政务服务大厅"一站式服

双流国际机场（摄影：程从信）

务中心""咨询导办台"及"24小时自助服务区"等区域，为企业和群众提供现场咨询、指导填单、形式要件审查、现勘辅导、网上办理指导等服务，全程实行"无差别"帮办导办服务。同时，通过充分调研，设定园区、商业聚集区和重点企业等人流量大的地区为团队重点服务站点，依托网上受理端，通过现场指导办理、协助群众办理、帮办代办等方式，实施痕迹化管理，实现"零跑动"。截至2022年9月，已为明城仁和购物中心、城南优品道广场、乐福城市生活广场、公元1860文创公园等提供十次个性化定制服务，办理企业营业执照35户、个体工商户营业执照99户、相关许可证16个，共计办理证照150件。

三是做实服务根基，持续便民利企。双流通过推行政务服务"一窗式"改革，搭建"一键通"网上审批服务监督平台，延伸至各审批部门及各镇（街道）、村（社区），编制政务服务事项清单并向社会公布，实施清单事项网上公开、网上查询、网上投诉，从而实现企业群众办事远程查询、预审、预约。

其次，着力完善政策服务体系，护航企业稳定发展。

通过前端、中端和后端等具体政策全流程打造相对完整的服务体系。在前端，着力提速增效。企业开办方面，办理环节由三个环节整合为一个环节，企业开办更加便捷。行政审批方面，在办理建筑许可上，压缩办理时限58.9%以上；在获得用水上，压缩办理时限68.0%；在获得电力上，高压、低压办理时限分别压缩44.3%和54.5%；在获得用气上，压缩办理时限71.4%。办税方面，打造"线上、掌上、邮寄"等多条非接触式办税渠道，2022年1—6月，网办率达99.70%。在中端，完善要素保障。政府采购和招标投标方面，研发"智慧政采"App系统，采取"红黄绿灯"方式督促预警，充分发挥线上过程监督、业务交流、积分考核等功能。知识产权创造保护方面，以全省第二名的优秀成绩顺利通过国家知识产权强县工程示范区验收；在银河596园区、电子科技大学科技园开展中小微企业知识产权托管工作，截至2022年7月，托管企业达80家。获得信贷方面，打造"税银共建服务站"，共帮助233家纳税信用良好的企业实现信用贷款 1.96 亿元；持续发挥 1 亿元风险补偿资金池的撬动作用，截至目前，累计为 832 家企业融资 40.3 亿元。在后端，推进纾困解难。政企沟通方面，持续深化"企业咖啡时"活动，先后出台 1.0、2.0、3.0 版本，截至 2022 年 7 月底，累计收集企业诉求 8204 件，办结率 99.97%，满意率 98.85%。办理破产方面，在基层法院率先设立"火凤凰"破产工作室，聚焦"组建团队专业审、建章立制促保障、府院联动解难题、资源整合育人才、信息集聚搭平台"五大任务，高效推进企业破产重整。执行合同方面，构建一站式多元解纷中心，运用"联动联调中心"前端指导各类投诉及纠纷处理 11000 余起，参与调解 1800 余起，调解成功 1005 件。企业帮扶方面，对依法合规承租区属国有企业房产用于生产经营的非国有小微企业和个体工商户免除租金；开设"经营异常名录管理包容期"，主动预警，避免失信。

最后，推进智慧赋能营商环境，打造整体数字政府。

双流积极融入"智慧蓉城"建设，充分利用人工智能、大数据、区块链、移动互联网等现代信息技术，推进数据共享与融合，实现系统全联通、数据全流动，全力打造以"整体智治"为核心的现代政府。具体包括三个方面的举措：其一，推进商事制度改革，全程电子化登记及电子营业执照运用，提升工商注册登记便利度；其二，聚焦政务服务"一网通办"，搭建全区政务数据交换共享平台，汇聚全区 30 个部门的数据，梳理数据目录 196 条，字段数 5072 个，数据量 7 亿条，建立政府、企业和社会数据整合共享制度，推进电子印章和电子证照在政务服务、公共事业服务领域全面应用；其三，构建供应链金融服务体系，推动实现全国首批、四川省首笔区块链平台保单融资业务落地双流，从而大大提高融资效率和便利性，得到企业充分认可。

三

营商环境是企业生存发展的土壤，优化营商环境没有"旁观者""局外人"，双流坚持以企业需求为导向制定政策，优化机制、重塑流程，健全公平竞争审查、包容审慎监管机制，构建企业全生命周期服务体系，营造亲商、重商、安商的发展环境，让企业愿意来、能扎根。

让企业扎根，除了通过前文所述的泡上"一杯咖啡"等营商环境的硬件之外，双流还用更多的举措让"我为群众办实事"落地见效，提高软硬实力。用双流的说法，是"一"线串联绘出双流幸福图景。

"一杯咖啡"之外，双流还创新推出了哪些提升幸福感的举措？还有多少个"一"？

一杯解忧"清茶"，真心真意为民纾困。双流创新开展了"市民茶话吧"活动，以"茶"会客、以"话"叙情，解决群众"急难愁盼"问题。一是拓展为民办事阵地，多渠道收集群众诉求。构建区级部门、镇街、村社三级活动体系，推动"市民茶话吧"和信访、网格化管理等工作融合联动，借助"有事来协商·众事好商量"平台、群众之家等活动阵地，听取群众意见建议，化解群众困难。二是建强为民办事队伍，全方位回应群众期盼。以网络理政、信访、综治、网格工作人员为主，联合社区干部、法律工作者等力量，打造一支讲政治、会沟通的多元化矛盾纠纷化解队伍，运用法律、政策等手段，就地就近解决群众合理诉求。三是提升为民办事实效，高标准化解群众矛盾。认真研判网络舆情、分析市民诉求，精心制定活动方案，选取茶馆、社区广场等接地气的场所，召集相关职能部门，邀请"两代表一委员"及群众代表、法律工作者等集中解决问题，让"怨团、气流"得到有效疏通和化解。

一所社区"大学"，做深做实人口服务。双流以办大学的理念办社区，实现人口服务覆盖全生命周期。一是开辟产业青年"成长空间"。针对辖区产业青年学历低、年龄小等实际，采取"校院企地合作＋群团共建"的方式，创办"空港新居民大学"，为产业青年提供终身学习的平台。整合区内外高校资源，设置素质提升、职业教育等五个学院，将四川大学、西南民族大学等院校的100个专业以及名师资源向产业青年开放，通过大学按月排课、企业定制课程、员工自主选课等形式，打造产业青年学历、技能提升的新平台。二是充实

凤翔湖（摄影：熊军）

产业青年"生活空间"。针对产业青年对生活配套、文体活动等的集中需求，将社区2700平方米废弃食堂改建为集学习工作、休闲交流于一体的"文轩Books青年阅享空间"网红书店，藏书达4万余册；改造闲置食堂操作间、翻新老运动场，营造9600平方米集观影、唱歌、健身等功能于一体的"青年乐动空间"；盘活1700平方米社区旧培训中心教室，打造集技能培训、双创孵化等功能的"青年悦创空间"，营造开放共享的社区生活新场景。三是保障产业青年"发展空间"。组建"新经济联合党委"，建立"社区＋街道＋园区＋部门"的联动服务机制，带动26家企业加入"产业社区发展治理联盟"，创设社区公益基金，引入部门专项基金、企业社会捐赠资金，以"市场化＋公益化"模式保障青年阅享空间、空港新居民大学等项目可持续运营，社区入住产业工人从 2022 年初的 1.7 万人增加至 2.1 万人。

一个服务"中心"，筑强筑牢人才支撑。坚持"服务人才就是服务发展"理念，积极打造"天府人才第一区"。一是建"磁场"聚人才，打造人才中心服务功能。具体做法是，将原来职能单一的双流人才交流中心升级为航都人才综合服务中心，集中受理或办理 22 个部门的 126 个服务事项。同时，在天府国际生物城等产业园区设立人才服务分中心，在驻区高校院所、重点企业建立 10 个人才工作站，开发"航都人才之家"云服务平台，通过职能整合、流程再造和信息化支撑，实现"一站式受理、多部门协同"，办事时间平均缩减三分之二，累计提供各类人才服务 1.8 万人次。二是培植帮助人才的土壤，保障创新创业资源需求。加大金融扶持，设立 10 亿元人才专项扶持资金池、3 亿元人才创业投资基金、1 亿元"人才增信贷"，营造良好的人才成长环境。加大智力支持，选聘一批创新能力强的高校教授、龙头企业家双向担任产业教授，支持产业园区组建业界共治委员会。三是通过提升服务留住人才，构建宜居舒适生活环境。双流以"幸福美好生活十大工程"为抓手，投入 10 亿元做好人才生活安居保障，对新引进符合条件的硕士及以上学历的应届毕业生给予一次性安家补贴，对引进的急需紧缺人才提供免租金、可拎包入住的人才公寓，给予 15% 的政策性购房优惠。此外，组建高层次人才金牌服务团队，按每人每年 2.4 万元的标准向高层次人才提供个性点单服务，涵盖机场 VIP 出行、医疗健康等 36 项内容，累计服务 5300 人次。

"一"线串联，目标归一。高品质夯实宜业宜居的城市基础，让市民有幸福的底气。双流人说，一座城里的安定才是最为朴实的幸福，在双流这座城里，让你有事做、有人爱、有期待。这就是幸福。

幸福
日志

一

一个个幸福美丽新村落户双流。2021 年，双流区乡村振兴财政资金占上一
年一般公共预算的 23.81%，完成农业固定投资 7.1 亿元。（摄影：袁浩）

2022 年 6 月，《双流区儿童友好城市建设五年行动计划（2021—2025 年）》制定出台，为孩子们撑起更加可期的明天。（摄影：陶勇）

2022 年上半年，双流区农村居民人均可支配收入达 19320 元，村集体经济收入 50 万元以上的村（社区）共 42 个。（摄影：刘婷）

四

曾经的无单位管、无物业管、无自治组织的"三无"
院落，成为成都市首个全覆盖加装电梯和真正告别
爬楼时代的成都百佳示范小区。图由成都市双流区
紫东阁社区提供。

五

窗含西岭千秋雪，碧波荡漾凤翔湖。远眺巍峨雪山，
近观美丽新村画卷。（摄影：古陶）

六 每逢炎炎夏日，黄龙溪便是当地百姓玩水的天堂。
（摄影：陶勇）

七 老有所养，老有所依，老有所乐，老有所安，全龄友好，幸福双流。
图为家人为六世同堂的 122 岁老人朱郑氏祝寿。（摄影：荣庆军）

八

双流区加强塘堰、水库及锦江的水环境治理。图中这位被称为"锦江美容师"的环卫工人，把黄龙溪锦江段的河道清理得干干净净。（摄影：袁浩）

十

为丰富新居民生活，双流空港新城采取"校院企地"合作方式，打造产业工人学历、素质、技能提升和成长的新平台。（摄影：杜雷）

九

天幕、帐篷、餐垫、桌椅，沏茶、聊天、看飞机，已经成为双流一道亮丽的风景线。（摄影：古陶）

十一

在双流，一杯咖啡拉近了政企之间的距离，更加深了彼此的感情。坐下来，无障碍交流，共同助力经济发展。（摄影：王鸿明）

十二　在双流这座"推门见绿"的公园城市，处处都是心灵栖息的好地方，凤翔湖公园就是它们当中的代表。（摄影：熊军）

杭州

拱墅区

从十个不同领域的"小确幸"入手，精益求精地打造"幸福在拱墅"的美好生活。

———

　　拱墅，是京杭大运河的起点，是杭城繁华的原点，是大城北开发的核心，是幸福生活的标杆。区域面积119平方公里，常住人口114.5万人，下辖18个街道、174个社区、54个村级经济合作社。2021年，地区生产总值突破1968.6亿元，位于浙江省第一方阵；社会消费品零售总额1273.4亿元，保持浙江省第一。

全域构筑"大运河幸福家园"

杭州拱墅区，因大运河而得名，"拱"取自大运河南端地标拱宸桥，"墅"即历史上闻名的"十里银湖墅"。

这里新旧交融。旧，因为古老悠久，流淌千年的大运河穿境而过，见证了城市的发展与变迁；新，则在于，2021年4月，杭州进行了区划调整，原拱墅区和原下城区合并成立新拱墅区，新拱墅位于杭州大城北，区域面积119平方公里，常住人口114.5万人，下辖18个街道、174个社区、54村设经济合作社。

潮起之江，运河流长。在拱墅，流淌千年的大运河水倒映着两岸古老与现代交错的独特韵味；在拱墅，"玉树银楼不夜天"的繁华与"树遥萦盼烟笼湿"的写意相遇，幸福如温润的运河水逐渐渗透至城区的各个角落。

为贯彻落实省委、市委、区委高质量发展建设共同富裕示范区战略部署，拱墅树牢"人民至上"的城市发展理念，全面推动全区共同富裕现代化基本单元建设，全域打造"大运河幸福家园"，加快建设幸福生活典范区。

"幸福都是奋斗出来的。"拱墅人牢记这句话，在运河南端这片热土上，全域构筑近悦远来的"大运河幸福家园"，奋力书写共同富裕、奔赴幸福的拱墅篇章。

一

持之以恒抓基层，坚持不懈谋创新。近年来，拱墅形成了一批具有自身特色的基层治理实践模式，获评全国社会工作服务示范地区、全国社区治理和服务创新实验区、全国街道服务管理创新实验区等。

总体而言，拱墅的幸福基层治理主要有以下几方面特点。

一是基层基础桩越夯越实。拱墅全面深化党建引领社区治理，目前已在全域 18 个街道、170 个社区建立三方办，668 个小区实现"一小区一支部"全覆盖，"一名党员一幢楼"组织体系不断完善，党组织领导三方协同小区微治理获浙江省委领导肯定。同时，强有力的组织体系，成为拱墅人打赢一场场硬仗、攻克一个个险关的关键所在。

二是善治生态圈越拓越广。拱墅扎实推进"大综合一体化"行政执法改革，街道"一支队伍管执法"改革项目获评全省"县乡法治政府建设'最佳实践'项目"；积极探索"红茶议事会""潮邻议事厅"等群众民主协商机制，持续擦亮"武林大妈""拱宸大伯"等志愿服务品牌，在老旧小区改造、加装电梯和平安巡防等工作中发挥了积极作用。

三是优质服务网越织越密。拱墅全力破解"养老难、托育难"，让"一老一小"在家门口享受阳光照护服务，获评全国智慧养老示范基地、全国婴幼儿照护服务示范区；推进基层医疗网点布局和优化，荣获国家基本公共卫生服务项目绩效评价第一名。

四是为民施工越建越强。拱墅全面完成社区、经合社组织换届，率先实现"一肩挑"。在拱墅，社区"两委"班子成员本科及以上学历超过 80%，平均年龄不超过 40 岁，助理社会工作师以上职称占了 73.2%。此外，拱墅完善"三岗十八级"薪酬保障制度，三名社区书记入选为省、市兴村（治社）名师。而在社区居委会成员中，拱墅社区居民占比居全市首位。

五是数字新引擎越用越灵。拱墅在全市率先建成了区、街道、社区三级驾

大运河杭州段遗产点·桥西直街

驶舱，"城市眼·云共治"获得了浙江省领导点赞，"社区智治在线·一表通"等多项创新工作已在其他省市推广。在 2022 年浙江省数字化改革"最系列"成果评选中，拱墅区全时空多维度采录感知网以"基层智治大脑"项目被评选为全省数字化改革"最强大脑"。此外，"湖数通""小区协商铃""文小慧"等多元化街道级场景应用不断涌现，成为推动基层治理现代化的新工具、好帮手。

上述具有拱墅辨识度的基层治理实践模式，充分体现了拱墅的创造能力、实干精神以及人民至上情怀。更重要的是，这些经验和做法在拱墅打造全域"大运河幸福家园"中得到了酣畅淋漓的发挥。

打造全域"大运河幸福家园"，是拱墅全面推动共同富裕现代化基本单元建设的最新、最具体的幸福目标。

二

全域"大运河幸福家园"如何打造?

在拱墅下发的《关于全面开展社区党组织"争星晋位、全域建强"行动聚力打造"大运河幸福家园"的实施意见》(以下简称《实施意见》)中,列出了"六大关键抓手":夯实基本单元网格化智治底座,探索党建引领街区化社区建设,创新商圈楼宇社区化发展模式,破解大型社区精准化管理难题,提升三方协同数字化治理效能,搭建流动人口同城化服务平台等。

《实施意见》同时布置了六大攻坚行动,每项攻坚行动均列出总体要求和重点任务。

更为具体的做法和目标则体现在"打造十大共富标志性成果"。在拱墅看来,实现共同富裕的具体成效怎么样,群众感受最真切、群众心中最有数、群众评判最权威。因此,拱墅从群众所盼和区域实际出发,提出争取用一年时间,打造十项"小切口、大场景"的共富标志性成果。

在拱墅发布的《关于党建统领建设共同富裕现代化基本单元的实施意见》(以下简称《共富基本单元实施意见》)中,建设数字变革集成高效的基本单元位居主要任务之首,拱墅提出:2022年,实现重大应用贯通,基层治理大脑初步成型;2025年,在全域构建上下贯通、县乡一体的区域整体智治格局,基层治理现代化水平走在省市前列。

打造共富标志性成果展示地,是以实战实效为导向,快速推进基层治理系统建设的有效举措。因此,拱墅打造的十项共富标志性成果中,治理类占了五项。

一是深化党组织领导三方协同小区微治理,夯实"大运河幸福家园"网格智治底座。

2022年,拱墅围绕现代社区总体部署,深化党建统领建设共同富裕现代化基本单元,作为杭州市唯一省级试点区探索"上统下分、强街优社"改革,以党组织领导三方协同小区微治理为抓手，着力构建"社区统筹领导、小区就地解决、楼道自治循环"党建统领网格智治新模式，聚力打造"大运河幸福家园"。

具体做法概括起来有五个"构建"。

——构建到边到底的树状组织体系。围绕打造"社区党委—小区（网格）党支部—楼道（微网格）党小组"组织架构，深化党建统领网格智治，优化调整设置1335个网格、9998个微网格，推动所有小区网格全覆盖建立党组织、楼道微网格全覆盖建立党小组。

——构建覆盖全面的力量配置体系。按照"1+3+N"网格工作力量配备要求，由社区"两委"班子成员担任网格长，选派在职社工担任小区专员，兼任专职网格员，全面配备楼道（栋）长，担任兼职网格员，推动各级机关在职党员到结对社区和居住地社区报到，包联网格，参与基层治理。

——构建三方协同的基层治理体系。着眼业委会、专业物业全覆盖建设，推动全区18个街道、170个社区建立实体化运作的三方办，积极实施无物业小区清零行动，推动区业委会、联谊会发挥实质作用，选聘"红色三方党建导师"，加快培育"老娘舅专员工作室"，推动红色三方治理模式走深走实。

——构建条抓块统的资源统合体系。聚焦"街道吹哨、部门报到、社区组织、小区集合"，探索融合型大社区大单元党建，创新商务社区组织设置形式，建立健全"三联三领三服务"制度，全面优化平战一体工作机制。依托省、市、区、街、社机关党组织"五级联动"机制，推动各街道与十家省直、20家市直单位达成49个"结对联建"助推项目。

——构建一体贯通的数智共享体系。紧扣"141"体系迭代升级和"1612"体系整体贯通落地，打造"红领智治通"网格数字应用和"红色三方在线"平台，推动基层治理"平台+大脑"贯通触达，架构共建共治共享的工作场景。

二是迭代升级"城市眼·云共治"体系，构建基层整体智治新格局。

着力推进数字赋能基层减负增效是拱墅推动共富单元建设的任务之一。按照《共富基本单元实施意见》，拱墅 2022 年要全面完成"社区智治在线"场景基础库建设，迭代升级"红茶议事会""睦邻 e 客厅"等智能应用场景。

围绕区委提出的高水平打造"时尚之都、数字新城、运河明珠"总体目标，拱墅区"城市眼·云共治"运行服务中心旨在打造成为集统筹、协调、指挥、指导等功能于一体的基层治理中心。通过建立完善基层社会治理三级组织体系，迭代升级"城市眼·云共治"门户驾驶舱系统，推进区级基层治理大脑建设，打造符合省基层治理系统建设标准、具有拱墅辨识度的"一屏统览、一网统管、一域统筹"的基层智治综合应用，加快推进"161"体系和"141"体系的全面贯通，实现全区数据资源统一归集、融合运用，推动数字化改革重大场景应用多跨协同、集成落地，打造高效协同、整体智治的基层治理体系拱墅样板。

同时，拱墅成立了区社会治理中心（拱墅区城市运行服务中心），全面推进社会治理体系和治理能力现代化。开发基层智治综合应用，集成 15 类 7.1 万个感知设备，汇聚 12.6 亿条公共数据，对八大类 17 万个管理对象进行数字孪生画像，整合 38 台分散服务器，建成全市首个县区政府级算力中心，汇集 192 种现有算法，打造出以"三库三中心"为基础的全时空多维度采录感知网，有效赋能疫情防控、共同富裕等重大任务落地。

三是全面推进"大综合一体化"行政执法改革，构建纵向贯通、横向协同、权责统一、权威高效的行政执法新格局。

2022 年，浙江成为全国唯一的"大综合一体化"行政执法改革国家试点。拱墅也加快了相关改革实践步伐。自 2022 年 6 月以来，杭州市拱墅区全省领先、全市首创，先后推出"一支队伍管执法""区属街用共管""执法队辅助人员"等三项制度。该改革实践力争从制度层面构建权责清晰、高效协同的基层执法新格局，为全市乃至全省率先探索可复制、可推广的行政执法改革新成果。

京杭大运河拱宸桥段

实际上，自"大综合一体化"行政执法改革工作推进以来，拱墅就建立了区委书记、区长任"双组长"的高位改革推动体系，涵盖1933项综合执法事项清单也落地实施，拱墅的首案办理量居杭州市主城区榜首。

在拱墅，执法队伍精简至"1＋5"，69.97%执法人员下沉到街道，全面建立金字塔形执法结构；18个街道赋权正式实施，"领导小组＋执法队＋综合执法办"三位一体的街道执法格局全面形成，"信用赋能""一体化执法""综合查一次""数智执法""片区化执法"五大亮点加快实践；8100余个监管事项、61个"监管一件事"等主题已全面认领，相关的实操正有序进行，一批特色典型案例落地形成。

此外，拱墅的行政执法改革，立足执法数字化改革，归集2.1万余个物联感知设备，"七张清单＋一张榜单"的拱墅执法运行体系已初具雏形。

四是深化未来社区数字化应用建设，高效集成未来社区九大场景落地。

拱墅，围绕共同富裕现代化基本单元建设，以"一统三化九场景"为指引，分类开展城市型、融合型、商务型社区争星晋位，推动全域未来社区建设，打造一批让群众真正看得见、摸得着、体会得到的"大运河幸福家园"。截至 2022 年 10 月，全区共创建省市未来社区 21 个，实施范围约 529 公顷，总建筑面积约 905 万平方米，受益群众超过 17 万人，其中瓜山未来社区已入选浙江省首批共同富裕现代化基本单元名单；和睦、善贤、万家星城、蓝孔雀等四个社区已基本完工，迎接省市级验收；所巷社区正在加快实施；其余 15 个社区已完成创建方案评审，正在有序推进中。

五是实施拱墅优礼全域文明新实践，持续提升大运河文化品牌影响力。

拱墅区依托大运河国家文化公园建设，立足大运河千年文脉传承，深入实施"拱墅优礼"全域文明新实践，主动讲好"精神共富"大运河故事，走出富有拱墅特色的大运河精神共富文明实践新路径。"拱墅优礼"已入选浙江省首批高质量发展建设共同富裕示范区最佳实践。

具体做法和实效包括：

——打造运河明珠。聚焦文脉传承，拱墅扎实推进大运河国家文化公园建设专项行动，促进大运河文化国内外交流，提升大运河文化产业发展力。

——发出理论强音。拱墅实施"151"工程，全年开展 10000 场次以上宣讲活动，形成"运河之声"新时代理论宣讲大格局，聚焦精神富有，发出时代最强音。

——推进文明实践。拱墅出台了《关于推进"拱墅优礼"全域文明实践工程的实施方案》，深化培育"大运河直播间""城市青年音乐角""杭州评话"主题公园等特色阵地，打造"1 中心 18 所 174 站和 600 余点位"的五分钟大运河文明实践矩阵。拱墅区"文明生活街区"作为典型案例入选省文明办编写的《"浙江有礼"省域文明新实践案例汇编》一书。

——创建数智文明。拱墅深化推进"文明帮帮码""阳光少年"志愿服务，建设"拱墅优礼·开门大吉"等数字化场景，不断激发"明责知礼、常律守礼、共促崇礼"的文明内生动力。

——强化文明培育。拱墅常态化开展道德模范、身边好人、文明家庭、美德少年等"最美"系列选树活动，涌现出全国道德模范韩凯、孔胜东等各级各类最美人物及团队 270 余个，并聘任郎朗等十位同志为首批"拱墅优礼·文明使者"。

三

在拱墅打造的十项共富标志性成果中，还包括五项服务类。这也是拱墅全域打造成为"大运河幸福家园"的应有之义。

《共富基本单元实施意见》提出，将拱墅全域打造成为"大运河幸福家园"，形成一批让群众真正看得见、摸得着、体会得到的共同富裕基本单元标志性成果，争创全省样板示范；同时明确提出，拱墅要构建一批可知可感的共富实景。

不同的共富实景，是不同的具体幸福感受。在拱墅人眼中，一个幸福的地方，老人和孩子都会被温柔以待。"一老一小"关乎千家万户，只有让老人有尊严地安度晚年、孩子无忧无虑地快乐成长，才能让人们安心工作、让每个家庭幸福和谐。

为打造服务类共富标志性成果，拱墅人进行了以下五个方面的幸福实践。

一是持续擦亮"阳光老人家"品牌，做深做实幸福颐养服务。

拱墅用"阳光老人家"描绘"夕阳无限美"的幸福晚年。拱墅区现有 60 岁以上老年人 22.89 万，占比达 26.1%，其中 80 岁及以上高龄老年人 4.52 万。2022 年以来，拱墅着力构建社区居家养老大照护体系，聚焦基本养老需求，迭代升级"阳光老人家"养老服务品牌，做深做实幸福颐养服务，"政府主导、社会参与、市场运作、保障基本、适度普惠、就近便利、老幼相伴"的养老格局基本形成。

拱墅的幸福颐养服务细致、具体、有效。创建了"阳光老人家"视觉识别系统，并对站点统一了名称、标识、装修、色调、服务功能，方便老人就近识别并享受养老服务；全区 170 个"阳光老人家"，60% 以上引入专业社会组织运营；建立九家 10 ～ 30 张床位的"家院一体"微机构，探索"养老机构跟着老人走"；建设 185 张认知症照护床位和 290 张家庭养老照护床位；开展高龄困难老年人抚养重度残疾子女家庭联合式安养；实现养老服务市民卡一卡全市通用，32 家为老服务商为 3749 名重点老人提供七大类 39 项服务；为 1354 名孤寡、独居老人实施"安居守护"工程；打造"墅智养"一站式养老社区平台，满足老年人"康、食、住、行、娱、情、学"全链条、多维度生活需求。

二是不断扩大"阳光小伢儿"影响力，使普惠托育服务提质扩面。

拱墅用"阳光小伢儿"编织"天真好时光"的快乐童年。聚焦婴幼儿照护服务，不断创新举措、建立机制、完善体系，基本形成 15 分钟"幼有所育优质服务圈"。截至 2022 年 10 月，全区共有各类婴幼儿照护服务机构 144 家，其中社区普惠性托育园 22 家，实际可提供照护托位 5104 个，其中普惠性托位 2008 个，每千人拥有托位 4.3 个，均处于杭州市前列。

托育服务出现了更多的创新。比如，率先发挥"一院、两中心、三基地"专业化服务指导，率先推出公益养育指导系列课堂，为辖区婴幼儿家庭提供全方位、立体式指导服务；在全省首推"阳光小伢儿"社区成长驿站新型照护服务模式，目前已建成驿站 52 个，创新提供"临时预约托""家庭互助托"等"微托"服务，解决辖区居民"短时托"的个性化需求；打造拱墅区"浙有善育"智慧妇幼数字一体化平台，在全省首推婴幼儿"养育照护一键通"线上服务，全力打造"浙有善育"基层先行样板和典型示范……

三是全面深化老旧小区改造，推动加梯工作继续走在杭州市前列。

拱墅全力推进老旧小区加装电梯工作，把老旧小区住宅加装电梯作为重大的惠民工程来抓，截至 2022 年 10 月，全区累计加装电梯 705 台，惠及居民 20000 余人。2022 年，全区民生实事计划加装电梯 200 台，位于全市前列；

小河直街

截至 10 月，全区已完成加装电梯联审 285 台，其中已完工 180 台，在建 87 台，18 台进场准备中，各项工作有序进展。拱墅的目标是，到 2025 年，实现全区老旧小区住宅加装电梯"愿装尽装"。

四是完善社区公共服务配套，打造一刻钟便民服务。

拱墅区加快推进基本公共服务均等化，大力推进"扩中""提低"，完善社会保障体系，推动公共服务优质共享，奋力推动共同富裕看得见、摸得着、真实可感。具体表现在：推进就业服务建设，建设"数字就业"应用场景，已在全省 1399 个街道（乡镇）和 22326 个社区（村）推广使用，实现"一地创新、全省共享"；打造"阳光老人家"养老服务品牌，腾挪了 7.1 万余平方米建设 170 个"阳光老人家"养老服务站点，形成"幸福养老在拱墅"的温馨场景；推进嵌入式体育设施建设，全区共有各类体育场地 3418 个，场地面积约 262 万平方米，努力打造高品质"10 分钟健身圈"；高效推进文化民生实事项目，立足"浙文惠享"省级民生实事项目，2022 年全区新建一个文化驿站，两个城市书房，密集打造 50 个"15 分钟品质文化生活圈"；坚持"为民""便民"的服务宗旨，2022 年拱墅新推出入学、转学"跑零次"服务，研发"墅智托管"系统助力课后托管服务，实现"菜单化"选课服务和"一键式"生成课表功能，截至 2022 年 9 月，累计上线 7620 门课程，每周服务学生 622 万余人次。

五是推进嵌入式体育场地建设，打造"10 分钟健身圈"。

为推进共富单元重点建设，打造运河体育惠民工程，拱墅聚焦解决群众"健身去哪儿"的问题，科学布局规划嵌入式体育场地项目点位，助力打造绿色便捷的全民健身新载体。截至 2022 年 9 月，全区已完成嵌入式体育场地 101 处，共 3.4 万平方米。打造以北星桥下体育场、运河体育公园篮球场、大关街道"12347"10 分钟百姓健身圈等为标志性嵌入式体育场地项目，让人民群众享受到体育事业发展带来的幸福。

幸福之于城市，是宏伟的目标，更是细微的感受，拱墅着力建设的"大运河幸福家园"，从十个不同领域的"小确幸"入手，贴心备至、精益求精地打造了"幸福在拱墅"的美好生活。

幸福
日志

拱墅区锚定"2023年基本完成、2024年全面完成现有在外过渡户回迁安置"的总体工作目标，统筹做好安置房建设和回迁安置工作。图为皋亭村回迁安置现场。

（二）拱墅区聚焦"学有优校"，高品质建设"百姓家门口的好学校"，打造了一批社会美誉度高、人民群众认可的优质学校。"十四五"期间，拱墅将新建中小学、幼儿园 78 所。图为杭州市文澜实验中学慧澜校区。

（三）拱墅区弘扬"最美加梯"精神，积极发挥"业主主体、社区主导、政府引导、各方支持"作用，稳步推进老旧小区住宅加装电梯这项民生工程。

（四）拱墅区通过"阳光相伴"养老托幼服务项目，基本构建了"一老一小、阳光相伴"的共富生活美好实景。图为和睦街道阳光老人家乐养中心。

（五）拱墅区的"亮睛护眼"项目提升并改造了全域中小学及幼儿园2800间教室，给孩子们营造了明亮温馨的学习氛围。

六 拱墅区以杭州亚运会为契机，进一步优化交通路网结构，提高城市服务综合承载能力，城市环境显著改善。

七 拱墅区新建亚运电竞馆、亚运公园 2 个红旗班城市管理服务中心；建设武林广场、新天地 2 个亚运观赛空间；开发升级红旗班城市管理数字管理平台，让民众提前享受亚运红利。

（八）2022 年，拱墅区完成 15 个重要公共服务场所无障碍改造，实现 4 家残疾儿童康复机构和 3 家"残疾人之家"规范化提升，完成 572 场应急救护培训等"迎亚运"公共卫生和助残服务项目。

（九）2022 年，通过"迎亚运"平安护航保障项目，拱墅区完成 2537 台住宅电梯物联网系统安装，以及 26 个区域性微型消防救援站建设等多个惠民实事。

拱墅区借助杭州亚运会契机，开展各类特色活动和组织各类专业赛事，打造"全民健身 共享亚运"品牌赛事。图为上塘街道瓜山未来社区屋顶运动场。

拱墅区实施"拱宸优礼"全域文明新实践，持续提升大运河文化品牌影响力。图为"运河大妈 拱宸大伯"志愿服务队优礼小课堂。

拱墅区深化党组织领导三方协同小区微治理，夯实"大运河幸福家园"网格智治底座。图为新天地商务社区成立。

11

宁波
鄞州区

努力打造具有核心竞争力的先进制造业基地,
牢筑幸福之基。

　　鄞州迄今已有2200多年历史,这里孕育了宋
代大儒王应麟、书法泰斗沙孟海、生物学家童第周、
"中国凡·高"沙耆、大提琴演奏家马友友等一大批
名人名家。作为宁波市都市核心区,先进制造业和
现代服务业构建了鄞州高质量经济发展的硬核"双
引擎"。2021年鄞州区的地区生产总值突破2500亿
元,入选高质量发展水平全国百强城区前十、中国
最具幸福感城区。

"专精特新"创幸福

鄞州人在他们的幸福注脚中，加上了"首善"二字。比如，在首善鄞州，感受幸福。有 2200 多年历史的鄞州，是中国最早的建制县之一；2002 年 4 月 19 日，经国务院批准，撤销鄞县，设立宁波市鄞州区。

在鄞州，好人真有好报。妮妮因患尿毒症，需要长期治疗，全家人只能蜗居在 40 平方米的小房子里，但她并没有因此消沉，主动注册为社区志愿者，还积极参加各种慈善活动，结对帮扶困难青少年，先后荣获浙江"最美 90 后""全国优秀共青团员"等称号。2022 年上半年，妮妮家装修一新，装修费用全部由政府出。这得益于鄞州推出的"善居改造家"项目，即依托爱心企业捐赠的 1000 万元善款，建立新时代文明实践"首善"基金，免费帮助生活困难的"身边好人"、先进典型人物改善居家环境。

鄞州更是制造业大区、强区，这让鄞州奔赴在追求首善之区的幸福路上，脚下有更为坚实从容的步伐。

鄞州有家名叫"伏尔肯"的企业。该企业制造的产品中，有一个大尺寸陶瓷密封环，直径 500 毫米，被应用于构成深空测控网的大型雷达中，作为一项核心关键设备助力"嫦娥五号"出征探月。直径 300 毫米已是业界的天花板，但"伏尔肯"在打破直径天花板的同时，还将密封环的使用寿命由原来的3000 小时提高到 9 万小时以上，助力大国重器"上天入海"。

"伏尔肯"是鄞州国家级专精特新"小巨人"企业之一。在鄞州，这样的国字号"小巨人"企业有46家，国家制造业单项冠军（产品）示范企业17家，数量均居浙江省第一，成为中国制造的中坚力量之一。

专精特新"小巨人"企业，是指专精特新中小企业中的佼佼者，是专注于细分市场、创新能力强、市场占有率高、掌握关键核心技术、质量与效益俱优的排头兵企业。鄞州入选企业数量居首的重要原因，用鄞州有关人士的说法是，"主导产业引领发展，骨干企业紧扣重点产业链实现关键基础技术和产品的产业化应用"。

坚持干在实处、勇立潮头的鄞州，实现了从农业大县到工业大县，再到经济强区的"三级跳"。在宁波1/12的土地上，鄞州区创造了近1/5的经济总量，2021年地区生产总值达2500亿元。2022年上半年，实现地区生产总值1290.4亿元，位居浙江省第一。

当下的鄞州正开展"专精特新"企业培育行动，努力打造具有核心竞争力的先进制造业基地，牢筑幸福之基。

———

2021年10月25日，鄞州的各镇（街道、园区），以及各有关单位收到一份特别的通知，即宁波市鄞州区工业强区建设工作领导小组办公室关于印发《鄞州区"专精特新"企业培育行动方案》（以下简称《行动方案》）的通知。

该《行动方案》的总体思路是以新发展理念为指引，抢抓新一轮科技革命和产业变革新机遇，积极应对国际产业链供应链的新变化，重点建设软件与新兴服务、汽车、高端装备、新材料、电子信息、智能家电、关键基础件、时尚纺织服装、生物医药、节能环保等十大产业集群，强化"关键核心技术—材料—零件—部件—整机—系统集成"和"关键核心技术—产品—企业—产业链—产业集群"的全链条培育计划，加快培育形成"专精特新"企业群体，做大做强"154"千百亿级产业集群，努力把鄞州打造成为具有核心竞争力的先进制造业基地。

鄞州区兰青小学

要实现什么样的目标？

健全企业梯度培育体系，引导中小企业向"专精特新"方向发展，培育形成更多的专精特新"小巨人"企业。建立市、区两级"专精特新"中小企业培育库，促进其技术创新能力、市场竞争力和品牌影响力明显提升，在产业链、供应链上的地位更加巩固，引导和带动中小企业高质量发展。

时间节点也很具体：力争到 2022 年，全区市级及以上专精特新"小巨人"企业产值增速高于全区规上工业产值增速两个百分点以上，数量增长超 50%，形成有利于"专精特新"企业培育发展的推进机制、政策体系和制度环境，成为引领制造业高质量发展的重要力量。到 2025 年，单项冠军培育的生态更加完善、发展的质量效益更加高效、创新实力更加扎实，国家级专精特新"小巨人"企业数量达到 50 家，市级"专精特新"企业对制造业增长贡献度在 20% 以上。

《行动方案》发布大约一年后，即 2022 年 9 月，媒体以《"鄞州制造"优质企业群向专精特新进击》为题总结了相关成绩。文章说，作为制造业大区，鄞州区近年来积极引导中小企业提升创新能力和数字化水平，走专精特新之路。不断壮大的专精特新"小巨人"企业，成为鄞州从制造大区向制造强区迈进的重要推动力。

2021 年，宁波港波电子有限公司投入 1900 万元，建设了年产 2000 万套的集成电路电子元件生产项目，生产效率大幅提升。记者在该企业的生产车间看到，有 100 多台冲压机正在有序作业，各类半导体引线框架产品也不断下线。

聚焦半导体封装框架领域 30 多年的"港波电子"，是一家新晋的国家级专精特新"小巨人"企业，目前该企业已具备第三代芯片封装配套方案及相关技术能力，产品应用范围覆盖汽车电子、AI、消费类电子等核心领域，并成为英特尔（Intel）等跨国企业的供货商。

自 2019 年末新冠肺炎疫情发生以来，2020 年、2021 年两年，鄞州区市级以上单项冠军企业产值增幅分别是 7.3% 和 17%，并未受到疫情的较大影响，充分体现了企业在市场化中的核心竞争力。特别是宁波博德高科股份有限公司、宁波韵升股份有限公司、宁波利时日用品有限公司、宁波长壁流体动力科技有限公司、宁波得利时泵业有限公司五家市级以上单项冠军企业，在 2020 年、2021 年、2022 年上半年，其产值增速超两位数，体现了良好成长性。其中宁波韵升股份有限公司成绩尤为亮眼，产值增速分别是 40.5%、73%、129.4%，发展势头迅猛。

二

在当前经济形势复杂多变的大背景下，鄞州区的企业保持较高的增长速度，其中一个重要的原因是企业持续在细分领域深耕，心无旁骛做研发、踏踏实实搞制造。另一个重要的原因在于鄞州逐步形成护航企业发展的推进机制、政策体系和制度环境。

例如，降低疫情影响出台稳市场的相关措施，获得了较大的成效。2022年4月，鄞州出台《鄞州区减负降本稳企纾困三十三条举措》，其中涉及制造业企业的有三个方面。

一是畅通产业链供应链。在确保严格落实疫情防控措施前提下，充分利用宁波市工业企业稳链保链一点通应用以及产业链"一键通"应用等数字化手段，对产业链链主企业和关键核心企业生产急需物资的运输需求给予保障，与关键配套企业所在的省、市建立绿色运输通道，构建互认、互通、互供机制，确保产业链供应链畅通。鼓励企业及时储备原材料、零部件等库存产品以满足当前和长远生产需求，对于过度依赖海外供应链或供应链分散的企业，在做好内外贸配套协作的基础上，鼓励企业积极寻求国内替代产品，并建立稳定的供需联盟关系。针对重点企业，特别是专精特新"小巨人"企业和单项冠军企业，鄞州强化工业企业产业链供应链应急保障工作小组力量，落实"重点产业链供应链企业保障白名单"制度，重点保障"大优强"培育企业、单项冠军企业、专精特新（培育）企业等白名单企业，以及产业链核心企业和关键配套企业。同时完善垂直协调、横向对接工作机制，通过办理通行证、发函协调、专线联系等方式，协调企业跨区域运输问题，及时解决影响企业稳定生产的急迫问题，确保产业链供应链通畅。

二是加强企业用电精准管理。对能效标杆水平工业企业和"亩均论英雄"Ａ、Ｂ类企业，予以合理用电、用能统筹保障；保障产业链关键环节企业、连续生产企业合理用电需求。

三是扩大制造业投资。对符合导向的技术改造项目，加大技改补贴力度、加快政策兑现速度。鼓励新能源汽车、集成电路、新材料、生物医药等新兴产业项目投资，支持工业企业数字化改革。对制造业重大项目优先予以土地、用能、污染物排放指标倾斜，缩短土地出让、能评、环评等审批时间。鄞州还建立金融保障重点优质企业清单，加大对百强企业、单项冠军企业、专精特新

"小巨人"企业、制造业上市企业等"大优强"企业的金融支持，并鼓励银行扩大制造业信用贷款规模，对受疫情影响暂时出现生产经营困难但发展前景良好的制造业企业，避免出现压贷、抽贷、断贷的情况。

2022 年 6 月，鄞州在加快落地国家和省、市稳经济一揽子政策举措和区助企纾困 33 条政策基础上，出台《宁波市鄞州区人民政府关于贯彻落实稳经济工作的若干政策意见》。

鄞州积极落实省、市经济稳进提质攻坚行动工作推进会精神和省"畅循环稳工业攻坚行动"，帮助企业应对当前困难压力，促进工业经济稳增长提质效，还制定了《鄞州区"工业经济稳增长提质效"攻坚行动方案》。该方案强化稳定工业经济增长各项举措，精准服务、高效施策，全力以赴"稳进"，矢志不移"提质"，以工业"压舱石"稳全区经济"基本盘"。

以上措施恰如及时雨，有力支持了企业和市场，体现在以下两个方面。

一是坚持政策护航。突出企业、产业、项目三大重点，大力实施鄞州区经济稳进提质"1＋9"攻坚行动（一个总体方案＋工业经济稳增长、扩投资、优结构等九个子方案），及时出台《关于经济稳进提质的若干政策意见》等系列政策，逆势抢机攀高进位。2022 年上半年，鄞州区省重大新建项目开工率、市重点工程投资完成率、两年内立项项目开工率均居全市第一，有效投资工作被省政府通报激励并在全省大会上作经验交流。全力落实《鄞州区减负降本稳企纾困三十三条举措》等助企惠企政策，提振企业发展信心，在市、区两级部署下共为企业减负 62.2 亿元，完成上半年减负目标的 137.9%、全年减负目标的 77.8%。

二是做到机制先行。建立"重点产业链供应链企业保障白名单"制度，推广"三区"企业封闭式生产管理模式，累计发放浙江省重点物资运输车辆通行证 127 家、1528 张，发放量全市第二，总运量 2.93 万吨，切实保障各类重要生产物资运输畅通。建立工业经济稳增长提质效攻坚行动专班，聚焦工业用电、工业产值、物流运输、停产减产等高频指标，通过周监测、旬调度、月通

鄞州区南部商务区

报、季提示，强化重点企业跟踪服务，引导企业合理安排生产。2022 年 6 月，全区工业企业停产率为 1.87%、减产率为 7.34%，均低于宁波市平均水平，分别低了 1.0 个和 3.9 个百分点，位列全市第一和第二。深入开展"千名干部助企纾困"精准服务活动，累计走访服务企业 1590 家，解决企业困难问题 500 余个，收集共性类问题的解决建议 40 余条。

"及时雨"一下，成绩斐然。2022 年上半年的数据显示，鄞州 1315 家规上工业企业，工业总产值 932.5 亿元，同比增长 6.4%。其中，鄞州市级以上单项冠军企业 38 家，工业总产值 145.8 亿元，同比增长 15.1%，国家级单项冠军企业 13 家，工业总产值 83.5 亿元，同比增长 30.4%，分别拉动鄞州规上工业总产值 2.18 个和 2.22 个百分点。

三

鄞州加快培育形成"专精特新"企业群体的发展路径是：聚焦关键核心技术，加快推进制造业高质量发展。

如何聚焦关键核心技术？

据《行动方案》，"加强关键核心技术合作攻关"位列九大任务之首。鄞州围绕关键核心技术科技攻关计划清单，聚焦"154"千百亿级产业集群和前沿产业（新兴产业），实施关键核心技术科技攻关行动计划，努力攻克一批"卡脖子"关键核心技术，掌握一批具有前沿性、引领性的关键核心技术；积极鼓励企业、科研院所参与国家科技专项攻关计划；依托产业研究院、单项冠军企业、制造业创新中心和领军型人才团队等创新主体，围绕需求，开展精准靶向攻关。深化产学研合作，以市场主体技术需求为导向，建立完善优势企业主导、创新主体协同的重大科技专项组织机制；鼓励优势企业（产业研究院）牵头组建共性技术平台，解决跨行业、跨领域的关键共性技术问题，加强核心基础零部件、关键基础材料的共研共用，推进关键零部件与整机产品的技术协同突破。

实际上，九大任务中，大部分围绕聚焦、强化关键核心技术，比如加大科技研发投入、强化专利标准融合创新、加快新产品开发等。而这些任务的实现，离不开人才。

强化人才支撑，正是鄞州《行动方案》里最重要的保障措施之一，具体包括：实施核心技术高层次人才引进培养工程，支持"154"千百亿级产业集群关键核心技术人才参与领军拔尖人才、"3315 计划"等评选；支持高校、企业、科研院所面向重点产业、重点领域关键核心技术发展需求，引进培育一批高层次人才和高技能人才；制定有效释放活力的人才激励政策，进一步引导企业建立科技成果发明人成果转化收益分配制度；加强企业家培训，提升企业家队伍素质；等等。

鄞州还积极打响"智鄞未来"人才工作品牌。2022 年 9 月，鄞州召开"智鄞未来"大会，发布《"智鄞未来"行动方案》。该方案的发布，标志着鄞州开启招才引智的新征程。

该方案重塑了鄞州人才工作体系，推出了一系列具有针对性的创新性、突破性举措。比如，针对产才融合不深、校地合作不够、社会力量参与不足等问题，设立重点产业链招才引智"链长制"、宁波高校校友会驻鄞引才前哨站、高层次人才举荐认定制，打通引才行动的堵点；对重点人才、重点平台、重点主体，制定投补结合、动态升级、绩效"赛马"、"一企一方案"等超常规举措，壮大卓越匠才、盘活平台资源；开通单项冠军企业、"小巨人"企业人才项目评审直通车，并将"田秀才""汽修达人""红帮裁缝"等突破性纳入高层次人才评价体系，规定其可以享受相应人才政策。

鄞州打造的千亿级引智平台"宁波城南智创大走廊"，整合了 50 余家"双创"平台及高校院所，每年有 1000 余个海内外高层次人才项目、3 万余名青年大学生汇聚鄞州。为了让更多的人才爱上鄞州、扎根鄞州，鄞州还将接续推出系列重磅举措，例如，送上"通则＋专项＋定制"的政策"大礼包"，形成基础人才普惠支持、产业人才专项支持、特殊人才特殊支持的政策支持体

鄞州区樱花公园

系；送上"授权＋松绑＋评价"的体制机制改革"大礼包"，打出举荐认定制、职称自主评审制、揭榜挂帅制"组合拳"，打破"四唯"评价体系；等等。

2022 年 9 月 17 日、18 日，鄞州区人社局携宁波银行、博威集团、美康生物等十家优质企业，赴武汉大学和华中科技大学参加专场招聘。在这次招聘会上，宁波企业开启"拼团互助"模式，在收到同学简历后，各企业人力资源之间互相交流，经应聘者同意后，在企业间对简历进行更精准的推送。据统计，两场高校招聘，鄞州企业收到武汉大学、华中科技大学毕业生简历超过400份，其中硕士、博士毕业生简历占比超过60%，达成初步意向80余人。鄞州区委组织部（区委人才办）相关负责人介绍，这是鄞州2022年秋招的第一站，也是精细化服务企业招才引智的重要一站，后续将结合线上线下模式开展校招服务，为企业建立常态化引才渠道。

除了在国内大力引进"双一流"高校毕业生，鄞州还通过海外引才联络点，开启新一轮海外人才引进。2022年1—7月，鄞州区就已经在新加坡等国家新增了六个海外引才联络点，这意味着，鄞州区在海外留学热门目的地累计设立引才联络站达到16个。

在鄞州区委组织部（区委人才办）相关负责人看来，在疫情防控常态化形势下，与组团赴国外引才相比，在海外设立联络点能使引才工作更加稳定和常态化。一方面，如果企业需要从海外引进人才，可以随时通过联络点发布信息，有意向的海外人才便可与企业接洽。另一方面，对于想要回国创新创业的人才，可由政府和创业园安排时间和行程，以便海外人才回国考察，为创新创业做全方位、无缝化对接准备。

截至2022年10月，鄞州区人才资源总量已达43.25万人，占宁波全市的18.3%，其中外国专家人才900人左右，占全市的37%；建立博士后工作站56家，稳居全市第一。

为了给"专精特新"企业培育提供智力支持，打造可持续的人才梯队，鄞州区还强化策源引领，让企业产才融合，从而释放出能级优势。例如，以科技奖补政策为抓手，引导人才企业加大科技投入，支持其开展研发投入攻坚，加速科技成果向现实生产力转化。宁波博威合金材料股份有限公司依托数字化研发平台，用两个月时间解决钛青铜合金核心制备工序技术难题，填补了国内钛青铜生产的空白。据统计，2022年1—7月，鄞州区高新技术产业增加值达147.27亿元，同比增长3.8%，占规上工业增加值的64.84%。

鄞州区创业人才企业中，有24家实现"上规"，22家在宁波股权交易中心（简称"甬股交"）挂牌，获批专利达 1755 项，主持参与制定国内及行业标准 32 个。博威集团、维真显示等人才企业的产品应用于"神舟""嫦娥""天宫"等航天工程，筑鸿纳米技术应用于青岛"海水稻"项目，使其增产近 10%。

按《行动方案》，建立"专精特新"培育计划清单是任务之一。具体做法是：以关键核心技术为标准、以市场占有率为导向，强化梳理排摸，建立分类分级、动态跟踪管理的企业梯队培育清单，沿着"关键核心技术—产品—企业—产业链—产业集群"的发展路径，推动企业沿着"高成长—创新型—科技型—专精特新—'小巨人'—单项冠军—'独角兽'"的梯次升级，加快培育"154"千百亿级产业集群。

在推动企业"专精特新"发展方面，鄞州区积极引导和鼓励企业主攻行业细分领域。从政府层面加强培育企业的监测、指导和跟踪服务，帮助建立现代化企业生产管理体系，加强对企业产权保护、技术创新、管理提升、市场开拓、品牌建设等方面的支持和服务。

更具体的支持体现为保障体系的建立，在组织保障、政策导向等方面进一步加强。比如，在政策导向方面，形成了从中央到地方的一整套政策保障体系。加大资金扶持力度，中央财政针对重点专精特新"小巨人"企业，分三批、累计安排 100 亿元以上的奖励；市级财政对国家专精特新"小巨人"企业给予最高 100 万元的奖励，对宁波市专精特新"小巨人"企业给予最高 10 万元的奖励，对首次列入宁波市"专精特新"中小企业培育名单的企业，给予最高 5 万元的奖励；区级财政对国家专精特新"小巨人"企业给予最高 50 万元的奖励。

不断壮大的专精特新"小巨人"企业，成为鄞州从制造大区向制造强区迈进的重要推动力。走创新驱动之路的鄞州，以构筑热带雨林式的创新生态，再次激发这片土地的蓬勃发展，为抵达幸福按下了快捷键。

一

宁波市第六医院扩建工程项目是鄞州区 2022 年民生实事项目之一，将
建成集门诊、手术室、特检、住院、生活辅助等功能于一体的医疗综合
楼，有效满足市民的就医需求。图为项目建成效果。

二

鄞州区打造以家庭为主、社区为依托、机构为补充，托育养育与健康促进相协同的婴幼儿照护服务体系，2022年新增托位1416个。图为海创社区多元化幼托服务场景。

三

鄞州区启动"嵌入式体育新空间建设"，已完成建设任务100个，总计面积逾9.2万平方米，增加健身步道204公里，大大满足了市民的体育健身需求。图为潘火街道全民健身广场。

四 2022 年，鄞州区完成 50 公里河道清淤疏浚，10 个小区沿街店
铺截污纳管和道路雨污管网改造项目完工，逐步实现"滨江
水城，美丽鄞州"的美好愿景。图为奉化江堤岸整治后新貌。

五 鄞州区着力解决学生上学、放学实际问题，2022年累计打造集功能、文化、颜值"三位一体"的"最美上学路"5条。图为明楼幼儿园"最美上学路"。

（六）截至 2022 年 10 月，鄞州区已改造城镇老旧小区项目 103 个，总建筑面积约 828 万平方米，惠及居民近 90000 户。图为建于 1988 年的黄鹂新村新建成的"鹂西走廊"。

七　鄞州区作为未来社区创建的先行地，不断挖掘建设中的现代化属性、家园属性、民生属性和普惠属性。图为和丰未来社区戏曲社团活动场景。

八　2022年，鄞州开展城市治堵保畅行动，建成停车位4600个，有效缓解城区停车难问题。图为全新落成的东部新城中央公园地下停车库。

为解决"充电难""充电乱"问题，鄞州区计划在 11 个公共停车场内增设 291 个智慧充电泊位，同时配建高压引入工程。

九

十

2022 年，鄞州区启动乡村共富公路建设，满足城乡居民交通出行需要。图为鄞县大道（环湖北路—东吴界）。

十一

潘火街道江南春晓小区车库顶棚被改造成"共享
花园"。"共享花园"聚焦小区卫生死角、"城市伤
疤",通过微创意、微改造,居民自己动手,打造
共建共享的"花园"。截至 2022 年 10 月,鄞州区
已有"共享花园"42 个。

十二

2022 年，鄞州区周尧博物馆新馆落成，整馆占地面积 8000 多平方米，建筑面积 1500 多平方米，集名人纪念馆与自然科学类博物馆于一体，是浙江省唯一的昆虫主题自然类博物馆，开馆以来预约供不应求。图为周尧昆虫博物馆。

江苏
太仓市

在"幸福金太仓"道路上，优秀的营商环境结出硕果。

太仓，地处江苏省东南部，是距离上海最近的沿江沿沪城市。春秋时期吴王在此设立粮仓而得名，素有"锦绣江南金太仓"之美誉。早在元明时期，太仓就是重要的海港和商埠，明代著名航海家郑和便由此处扬帆起锚七下西洋。太仓市域总面积810平方公里，总人口103万人，下辖国家级太仓港经济技术开发区、省级高新区等11个区镇（街道）。居"2022全国县域发展潜力百强县"第二位、"2021中国县域高质量发展百强县"第六位。

德企之乡的幸福之魅

如果说苏州是太湖流域的一顶皇冠，太仓就是最耀眼的一颗明珠。

太仓面积不大，市域面积仅810平方公里，在江苏是面积较小的县级市，但太仓的气魄和格局却从不见小。这个因春秋时期吴王在其地设立粮仓而得名的城市，是我国历史上重要的海港和商埠，元代时其漕运便通济天下、"六国码头"闻名于世，刘家港更是被称为"天下第一码头"。公元1405年，著名航海家郑和从太仓起锚，开启他的七下西洋之壮举；近现代物理学家吴健雄、朱棣文从这里走向世界，这里还走出了王世贞、王锡爵、朱屺瞻以及12位两院院士。

如今，太仓的气魄和格局越来越大，数次入选"中国最具幸福感城市"，蝉联江苏省"推进高质量发展先进县"，居"2021中国县城高质量发展百强县"第六位、"2022全国县域发展潜力百强县"第二位。太仓港获评国家一类口岸、获批国家级综合保税区，与160多个国家和地区有经贸往来，在太仓的外资企业数量达1600多家。

在"幸福金太仓"道路上，优秀的营商环境日渐成为太仓的醒目招牌，也因此结出硕果。

截至2022年10月，太仓市登记实有外资企业数为1825户（法人企业1545户），投资总额3320977.65万美元，注册资本1898214.72万美元，与上年同期相比分别增加7.37%、7.31%、23.52%。另有外商投资分支机构261

户、外国企业代表机构六户、外国企业经营活动五户、外商投资办事机构三户、外国投资合伙企业五户。

显赫的成绩来自德企。

目前，太仓德资企业已形成高端装备制造、汽车核心零部件等主导产业，总数突破 450 家，总投资超 60 亿美元，年工业产值超 600 亿元。半数以上的德资企业在太仓开展本土化研发创新，90% 以上的早期落户德资企业完成了增资扩产，集聚了 50 多家隐形冠军企业。

同时，以德资为主的外资，进驻太仓的速度有增无减，外资新设企业中德资持续加码。2022 年的数据显示，太仓共设立外资企业数 88 户（法人企业 76 户），其中股东国籍是德国的共 32 户，占比 42.11%，投资总额 57602.66 万美元，注册资本 33273.87 万美元，发展态势强劲。

——

2022 年是中德建交 50 周年。50 年来，尤其是改革开放以来，中德两国在经贸、文化、环保等领域的交流合作无论是深度还是广度都令人惊叹。而作为对德合作近 30 年的"中国德企之乡"，太仓可谓中德合作开出的友谊之花。

冠以"德企之乡"，太仓名副其实。太仓是德资企业集聚度最高、发展效益最好的城市之一，截至 2022 年 9 月，已集聚德企 450 家，包括 50 多家世界隐形冠军企业，并在此基础上构建了汽车核心零部件、高端装备制造、航空航天三个特色产业集群。太仓德资项目总投资额超 50 亿美元，工业产值超 600 亿元；探索实践了全国第一个中德企业合作基地、第一个中德中小企业合作示范区，被授予"中德企业合作基地"称号。

这也是中德建交 50 周年纪念日当天（2022 年 10 月 11 日），央媒纷纷聚焦太仓的重要原因。在对德合作成果的报道中，欧文的德式面包店再次成为焦点，被称为是中德两国情的一个缩影。比如，新华社海外平台的报道称，太仓给普通的德国人提供了许多机会，高欧文便是其中一个。

　　高欧文（Erwin Gerber），太仓人叫他欧文，来自德国科布伦茨，2012 年来到太仓，自此太仓成为他的第二故乡。他在太仓创立了一家德式面包坊——"布鲁特烘焙面包坊"，制作和售卖地道的德式面包，赢得太仓人的喜爱。

　　欧文在媒体上袒露，自己是在第二故乡太仓圆了梦。

　　在他记忆中，儿时家乡的小镇上，有一对老夫妻经营的一家面包房，是他每天放学后最喜欢去的地方。"美味的面包、温暖的热饮、慈祥的老人……这些都成了我脑海中最深刻的童年记忆。2009 年，在全世界游历的我，在迪拜与妻子相识、相爱。从那以后，我们先后去过中国很多城市。2012 年，我们与苏州太仓相遇了。小而精巧是我对太仓的第一印象，虽然城市不大，但整洁又宁静，一切都井然有序。即使城市的建筑风格与德国完全不同，但是悠然的生活节奏让人一见如故，关于面包的梦从此开始发芽。"

　　2012 年，他在太仓安家落户。不久后，布鲁特烘焙面包坊开业，这也是太仓第一家传统德式面包房。如今，欧文的德式面包房已开有三家分店，还成为当地的网红面包店。

　　欧文还分享了更多他和太仓的缘分，在他心目中，这个"德企之乡"给了他家乡般的温暖。

　　舌尖上的记忆，总是最能叩响人们的心门，而保留好这份记忆，需要在原料和制作上下足功夫。让德式面包延续传统口味，有一个重要原则，就是传统配方不变。在欧文的办公室里，有一份已经发黄的配料表，37 种面包配方在这本"秘笈"上写得清清楚楚。在面包制作的过程中，每一个步骤都按照配方标准，严格执行，多年未变。

　　在制作的过程中，面包烘焙是一项极其重要的环节。在烘焙中，烤箱的能源供应一刻都不能停，只要一停，整个烤箱的面包都将报废，烤箱也会受到巨大的损伤。但传统德式面包烘焙机器能耗大，能源问题也成了他最大的烦恼。

　　令欧文没想到的是，苏州电力发展之快、供电之稳，解决了所有的后顾之忧。2012 年，在欧文提交大功率供电的申请后，政府相关部门的审批很快就通过了，工作人员也立马给欧文安装上了电力设施。直到现在，相关部门还会定期过来检修设备状况。

这些年来，欧文从来都没遇到过停电问题，而使用比燃油、天然气更清洁的电力，也让欧文的面包更具有环保意义。

太仓是一座爱与包容的城市。欧文在来之前，并不知道太仓是"德企之乡"，也没想到这里有着 400 家德国企业。而且不仅是智能制造、航空航天这类大型德企广受欢迎，像德式面包坊这样的小微企业也备受关注。

自创业以来，太仓给予欧文的机遇与帮助，让他真切地感受到了像家乡一样的温暖，众多的举措也让他明白创业在这里可以获得很多人的帮助。现在，作为太仓的一名创业者，他想要用最高品质的面包来回报这座城市。

2018 年，欧文的面包店取得了网售资格，开设了网店。借助互联网，他的面包从太仓销售到中国各地。

太仓的日新月异让他惊讶。他说，这些年，"我看到高楼拔地而起，路上车水马龙，人群熙熙攘攘"，但是"城市的发展也没有阻碍生态的保护"。据欧文介绍，他们一家有个小习惯——每天晚饭后到公园散步，"那是孩子一天中最快乐的时光，因为在宽阔的草坪上她可以为所欲为，飞奔、玩耍、打滚……"，"在太仓，像这样的城市绿洲有很多，我家和面包店旁就有三个"。

在太仓，欧文拥有了自己的事业与家庭，从"他乡者"成为"家乡人"，他说，在这里，他成就了非凡人生，体会到创业的激情，见证了城市的非凡发展和开放包容。

在太仓，"德国元素"处处可见，除了欧文这样的面包店，还有德国酒吧、中德友好幼儿园等一批生活配套设施，罗腾堡德国风情街更是配备了玛丽蒂姆酒店、德式餐饮、德国产品展示交易中心等特色业态。太仓还将引入德国医院、学校、超市、金融机构等配套，常态化举办太仓啤酒节、中德足球赛等品牌活动，努力让 3000 余名在太仓工作生活的德国人感受到"德企之乡即故乡"的氛围。

二

除了良好的生活、创业生态，还有什么让德企选择太仓、看好太仓？

巨浪凯龙机床（太仓）有限公司首席技术官（CTO）威利先生（Willi Riester）的感受颇具代表性。他表示，巨浪于2004年在中国开始了事业的探索，从一个小小的办事处变成了一个小工厂，再发展成一个大工厂，在太仓政府的帮助下获得了长足的发展。而巨浪在太仓奠定了深厚的发展基础，也将德国工业4.0的理念融入太仓工厂的实践，并继续向新能源汽车、航空航天等方面进行探索和创新。

这样的发展和成绩得益于几个方面。

首先，太仓有良好的区位优势。

作为长三角地区唯一既沿江临沪又近海的城市，太仓有着独特的地理位置，也是环上海经济圈中区位优势最明显的城市之一。

如果以太仓浏河为原点的话，向北，是38.8公里的长江太仓段；向西，是38.8公里的沪太交界线。以此为两边，在地图上可以画出一个覆盖太仓80%市域面积的等腰三角形，在这个等腰三角形的顶角上，还有另一条近

38.8 公里的黄金线，那就是 1921 年通车的沪太路——上海通往外省市最早的公路。三条 38.8 公里黄金线勾勒出的这片黄金区域，正是太仓经济社会发展的"压舱石"。

利用区位优势，把握长江经济带、长三角一体化发展等战略机遇，深化与上海协同协作，太仓已主动出击。

太仓与上海人缘相亲、地域相连、文化相通，一条沪太路，见证了两地百年来的合作历程。太仓近年来依托区位和资源禀赋优势，把握长江经济带发展、长三角一体化等战略机遇，持续深化两地产业合作、创新协同、民生共享、交通互联等工作，近三年共引进沪上项目 700 多个。如今，总投资 40 亿元的瑞金医院太仓分院加快建设，沪苏首条跨省市域铁路——嘉闵太线也将全线开工，太仓"上海下一站、下一站上海"的城市标识更加深入人心。以太仓在城东规划建设面积 50 平方公里的娄江新城为例，该项目的目标正是打造上海五大新城的"姊妹城"、中德创新典范城。娄江新城如今正全力构建长三角中德合作示范区、临沪智能制造集聚区、大学科研成果转化区、虹桥商务核心配套区，努力打造成为全国知名的中德创新城。

娄城新貌（摄影：任雪英）

其次，太仓有"无事不扰、有求必应"的营商环境。

比如，太仓市场监管局外资窗口立足"德企之乡"特色，打造"一窗受理、当场出照"的服务窗口，对德资企业全面实施准入前国民待遇，实施准入后负面清单之外的外资与内资同等待遇，并严格落实"非禁即入"，实施更大范围、更宽领域、更深层次的全面开放，扩大外商投资范围，降低外商投资准入门槛，聚力打造"太舒心"德资企业服务品牌。

近年来，太仓一直高度重视优化营商环境工作，聚焦"舒心体验"，擦亮"营商品牌"，连续四年发布优化营商环境政策，共实施了 97 项改革举措。如在全国首创"标准地＋双信地＋定制地"供应模式、"三线平行"审批制度、"沪太通"物流模式等。

在服务机制方面，值得一提的是太仓给企业提供了"容缺受理"等创新服务。

2022 年 5 月 24 日，太仓国鑫生命科技产业发展有限公司成功拿到了营业执照。这家投资总额 1.2 亿美元的企业，开局并不顺利。受疫情影响，该公司办理营业执照的重要文件无法准时抵达。在了解这一特殊困难后，太仓市市场监管局外资登记窗口立即采取措施，在"容缺受理"服务基础上拓宽了"容缺登记"服务，采取投资者承诺、先办后补、辅助材料佐证等方式，为企业成功办理了营业执照，确保了该项目各项登记注册业务的顺利办理。截至 2022 年 9 月，通过"容缺登记"举措，外资登记窗口为太仓 20 多家外资企业解决了因疫情而无法办理登记注册的难题。

在助企纾困方面，太仓不仅有速度，也有温度。太仓一家外资企业因其网站广告宣传中含有"最佳""最强"等涉嫌违反广告法的用语，被立案调查。在调查过程中，该企业积极配合、及时更正，主动消除危害后果。考虑到该企业网站广告所展示的商品主要针对行业客户而非针对终端消费者，违法行为属于轻微，太仓市市场监管局秉持包容审慎的监管原则，作出不予行政处罚的决定。太仓市场监管部门积极落实涉企"免罚轻罚"及不予实施行政强制措施的

天镜湖春色（摄影：沈美林）

包容审慎监管理念，让企业获益，而作为市场主体的组成部分之一，外资企业同样从中受益。

最后，太仓有强劲有力的人才优势。

对太仓这个人口不足百万的小城而言，人才却是其巨大的"诱惑"，成为吸引企业（包括德国企业）入驻的最具竞争力的优势。

在铸就人才优势方面，太仓的创新举措可圈可点。具体来说，是从内、外部一齐发力，确保人才供给的可持续性。

一方面，从内部厚植人才培育沃土，开启双元制教育，形成可持续发展的高端制造人才优势。早在 2001 年，太仓就率先引入德国的双元制教育模式，建立了国内首个与德国职业教育同步的专业工人培训中心。随后，太仓依托本地德企、本土院校、德国巴符州双元制大学、德国工商大会、德国工程师协会等多方资源，相继建立中德培训中心等十余个双元制教育培训基地，成为我国最大的德国职业资格考试和培训基地。截至目前，已累计培养了1万多名高级管理人才和专业技术人才。

"实体经济＋双元制教育"是德国工业的核心竞争力，也就是说，双元制职业教育是德国制造业发展的武器之一。同时，人才是德企选址的重要考量之一。过去20年充分证明，太仓的双元制教育对形成德企集聚，推动德企发展发挥了重要作用。自1993年首家德资企业落户以来，太仓对德合作以"自下而上"模式取得了较好的合作成效，打造了全国第一个中德企业合作基地、第一个建在县级城市的"德国中心"等十多项对德合作的"全国第一"和"全国唯一"，写入长三角一体化发展国家战略。

为了让双元制教育在太仓开花结果，太仓做出了积极的探索，相继出台有效举措。2018年，太仓出台全国县域层面首个产教融合政策，每年设立2000万元专项扶持资金，精准扶持双元制重点项目；按主体、性质不同，分别给予各双元制培训中心一次性补贴200万、100万、50万元。此外，培训中心每培养一名双元制学生，将获得1.5万元的补助。企业通过自建或共建，已建成十个双元制培训中心，参与企业也从德企延伸到民营企业。通过与学生签订培训合同，与学校联合实施双元制教育，企业从人才"需求方"转换为"供给方"。

在引入双元制教育模式的过程中，太仓也打造出适合本土需求的现代职业教育体系。一篇题为《从引进"德国模式"到制定"中国标准"锻造大国工匠的"太仓样板"》的报道介绍："依托丰厚的德企土壤，太仓积极探索双元制本土化的'太仓路径'，创设'政府主导、主体双元、合同执行、成本分担'的双元制教育'太仓样本。'"太仓结合区域产业"11155"发展目标，构建了完整的双元制本土化育人体系。

该报道以江苏省太仓中等专业学校与苏州健雄职业技术学院两所学校为

例，评价它们"错位发展，培养不同层次的技术技能人才，借助合作办学，打通中高职一体化培养渠道。四方合作的'中德双元制本科教育项目'，培养了高层次技术管理人才，也填补了国内本科层次双元制人才培养空白。"

太仓高新区是太仓对德合作的发源地、主力军和核心区，入驻德企数量占全市的90％以上。太仓高新区的对德合作以产业为基础，引进德国高端制造业，促进中德产业合作纵深发展，也充分利用德国在核心要素"人"的培养方面的经验，结合本地实际情况，形成完整的职业教育体系。

具有标志性意义的事件是苏州健雄职业技术学院主导起草的全国首个职业教育地方标准——《双元制职业教育人才培养指南》（DB3205/T 1003-2020）发布实施，该指南系统总结了太仓双元制职业教育近20年的实践经验与工作模式。同时，由苏州健雄职业技术学院主导、多家重点企业参与研制的苏州地方标准《双元制职业教育培训中心建设规范》（DB3205/T 1018-2021）已正式发布实施，为构建我国双元制职业教育标准体系持续夯实基础。

未来，太仓将依托高校资源，探索双元制模式专业学位研究生教育，建立"中专、大专、本科、研究生"多层次有序衔接的现代职业教育体系。从引进"德国模式"到制定"中国标准"，太仓正积极推进双元制模式的自主创新，为制造业强国储备宝贵的人才资源。

另一方面，太仓还从外部吸引人才，强化企业发展的智力支撑。围绕加强产业创新集群建设人才支撑，太仓不断强化制度设计，迭代升级人才政策，积极吸引领军型创新创业团队、国内外高层次人才和大学毕业生汇聚太仓。

作为政府和人才之间的实体桥梁，太仓市人才服务中心致力于解决人才在太仓的所有需求，做好他们扎根太仓的全过程服务，包括政策咨询、诉求对接、交流研讨等。为了让服务更高效、更有序，太仓开创人才服务的新模式：搭建了"五位一体"人才服务数字化平台，着力以数字赋能的"智慧芯"，以便在人才服务保障上提供精准的奖补体系和贴心的综合保障。

太仓在全国率先推出"首次考察补贴""首年生活补贴"等政策。比如，

每个到太仓考察的大学生可申领最高 500 元的"现金红包",并可免费入住最长 15 天的青年人才驿站。

2022 年 6 月 9 日,"太仓青年人才驿站"揭牌。十天后,驿站迎来了第一批入住客人,两位刚毕业的"95 后"大学生:毕业于南京农业大学的王同学和毕业于南华大学的谢同学。从网上了解到"太仓青年人才驿站"的相关信息后,两人在网上注册了信息,没想到很快就通过审核,成功入住驿站。"初入一个陌生的城市,不用为了住哪里而担忧,省去了很多不便,也减轻了经济压力,实在太贴心了。"王同学和谢同学都在太仓找到了合适的工作。

夕照娄城（摄影：顾轶英）

首次到太仓求职的应往届毕业生（45周岁以下本科及以上学历），均可登录"太仓人才考察礼遇"小程序，通过嵌入的"青年人才驿站"模块，申请免费入住。

太仓发布了《太仓青年口袋书》，为青年人才就业落户、补贴申领等提供办事指引；搭建了青年人才交流平台，成立太仓青商学院，为青年人才提供职业规划咨询及创业指导。通过整合各方资源，太仓为青年人才提供衣食住行、文化交友、城市体验等多元化服务，推动青年人才与太仓零距离接触，加速融入太仓"朋友圈"。

此外，太仓还启动高品质人才社区建设，并发布"太易居"品牌，一体化完善人才公寓、国际学校、三甲医院等生活配套，统筹解决人才的子女教育、医疗保障、家属安置等"关键小事"。

太仓的目标很清晰：让每一位人才来到"幸福之城"太仓，工作和生活都能无忧。

未来的幸福治理，太仓有更丰富的蓝图。从小处来看，继续深耕对德合作，力争到 2025 年在太仓的德企总数达到 600 家。再大一点的目标是继续沿着"以港强市、以市兴港"的发展路径，不断提升港产城一体化发展水平，力争到 2025 年，集装箱年吞吐量达 1000 万标准箱、货物吞吐量达 3 亿吨。太仓人更大的目标是聚力实现"幸福金太仓"的发展愿景，比如，提到中国人的幸福生活，就得看太仓。

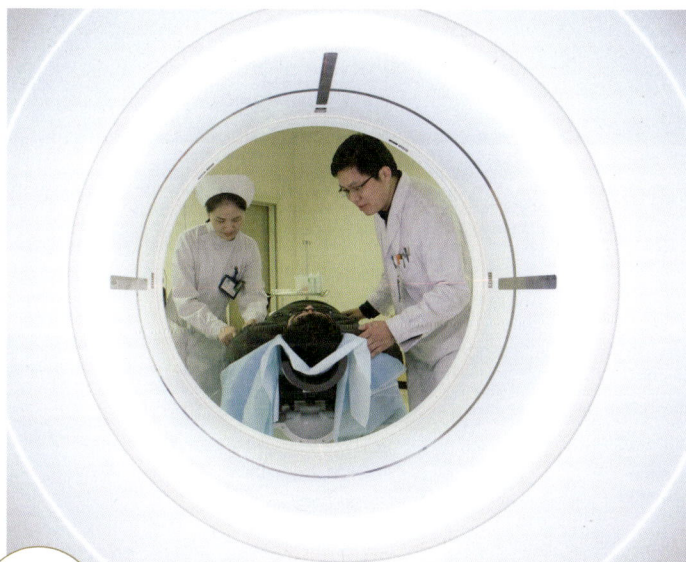

幸福
日志

一

太仓医保立足基本医疗保障、大病保险，逐步将门诊大病、贫困人群倾斜补助、特殊疾病保障等纳入保障制度范围。

太仓用心打造绿色秀美的宜居家园，拿出城市最核心的 300 亩地建设
生态休闲的市民公园，以"绣花精神"持续打造口袋公园、景观小品。

四　2022 年，太仓在基层建成图书分馆 14 座、图书服务点 60 个。图为有声图书馆。

五

在太仓，格田成方、岸清水绿诠释着东林绿色生态循环农业模式。

三

在太仓，学前教育优质普惠，省市优质园、普惠园占比分别为 85%、92%，居苏州市前列。图为西交利物浦大学太仓校区。

六　在太仓，总投资40亿元的瑞金医院太仓分院加快建设。太仓市民手持一张太仓医保卡，享受跨省市医疗资源将成为常态。

七　太仓计划三年内新增1万套人才公寓，构建系统完备、形式多样的人才乐居保障体系。

八 太仓在全国最早提出"公共法律服务"概念，公共法律服务"太仓模式"在全国推广。图为太仓公共法律服务中心。

太仓新建了7家市镇老年大学，三级老年学校年培训学员4万多人。 九

太仓力争打造长三角地区具有影响力的数字化发
展标杆城市。图为 24 小时办证大厅。

太仓是全国首个荣获全国社会综合治理和平安建
设最高奖"长安杯"的县级市。图为"一盔一带"
进校园活动场景。

十二 截至 2021 年底，太仓基层公共文化设施面积超过 20 万平方米。图为娄东书房。

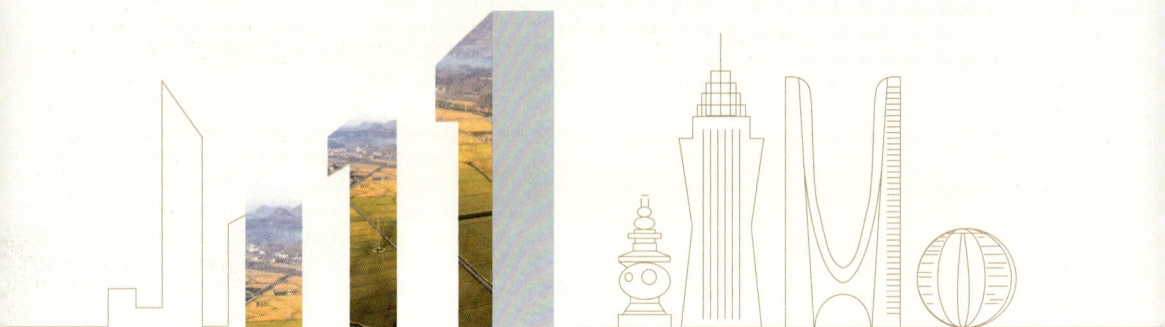

杭州
临安区

把"幸福临安"落到细处、落到实处，全域打造"幸福村社"。

西湖之西，黄山之东，居中是临安。临安，2017 年 9 月撤市设区，总面积 3126.8 平方公里，辖 18 个乡镇（街道）、306 个村（社区），常住人口 64.2 万人，地区生产总值 658.35 亿元。临安是吴越国缔造者、"上有天堂，下有苏杭"奠基人钱镠的出生地和归息地，境内森林覆盖率达 81.97%，是太湖和钱塘江两大水系源头，拥有天目山和清凉峰两大国家级自然保护区，杭州城西科创大走廊穿城而过，青山湖科技城是全国唯一拥有两类新型存储技术的科创高地，成为创新策源地的重要一极。

细微织就幸福来"临"

临安人说，在临安，有一种幸福叫"陌上花开，可缓缓归矣"。昔日吴越国王钱镠思念回到临安省亲的王妃，在给王妃的一封书信里写下此句，情真意切，成为千古佳句。

临安人说，"陌上花开"不仅饱含着对家人的牵挂，更是临安人民对于幸福的独有诠释。"陌上花开，幸福来临"，正成为临安最美好的图景。

临安位于杭州城西，面积3126.8平方公里，常住人口64.2万人，是浙江省地域面积最大的区（市、县）之一。2017年9月临安撤市设区，成为杭州最年轻的城区之一，但临安又是一个古老的城市，置县始于东汉建安十六年（211年），有着近两千年的县治史。

年轻又古老的临安，既有悠悠岁月带来的安详和从容，也有年轻的朝气蓬勃和探索求新，是首批全国生态文明建设示范区、全国绿色发展百强区，也是中国绿水青山典范城市。而临安的目标，是幸福。

在临安看来，增进老百姓的幸福感一直是最大的初心和使命。如今的临安，把高水平建设"吴越名城·幸福临安"作为今后一个时期发展的战略目标和主要任务，尤其是"幸福临安"的目标，体现了物质富裕、生命健康、精神富有的有机统一，成为全体临安老百姓共同的期盼和追求。

为了把"幸福临安"落到细处、落到实处，临安在全域范围内着力打造"幸福村社"，小到一块砖、一棵树、一个车位，大到一块田地、一座公园……细微处的更新和变化，让幸福成为临安最鲜明的标识。

一

临安区聚焦幸福最小单元，围绕平安、美丽、共富三大维度，创新开展"幸福村社"创建。全区 270 个行政村和 36 个社区同台竞技、同场"赛马"，形成镇街、村社之间"比学赶超"良好氛围，构建了共同富裕省、市、县（市、区）、乡镇（街道）、村（社区）五级话语体系。

"开展幸福角逐"成为媒体报道临安的核心词，无论是平安村社、美丽村社，还是共富村社的创建，临安幸福征途上的幸福故事不胜枚举。

《钱江晚报》介绍了浙西天路打造"共享菜园"的故事。

在龙岗镇望湖村，"共享菜园"里茄子、辣椒等蔬菜已经挂满枝头，冬季蔬菜也已种下。2022 年上半年，村里流转村民的闲散土地，整合 12 亩"共享菜园"，以每分地 2000 元的认领和半托管模式，为结对企业提供优质蔬菜，同时又为村集体增收 20 万元以上，带动村民致富。"我们聘用会种蔬菜的村民，长期打理'共享菜园'，让百姓在家门口有一定的收入。"望湖村党支部负责人说。

结合上溪片山多地少的实际，2022 年，龙岗镇在浙西天路沿线八个村大力盘活利用土地，通过盘活闲置土地、结对企业认领、设置共富岗位和共享摊位等方式，打造浙西天路"共享菜园"。截至 2022 年 9 月，龙岗镇八个村共种植蔬菜 170 余亩，预计为村集体增收 300 万元。镇里通过发动企业、乡贤认领菜园，拓宽销路。接下来也会结合浙西天路户外圈的开发增加蔬菜采摘、观光游园等可玩性项目。

"共享菜园"只是临安幸福村社创建的一个缩影，具体来说，属于"幸福村社"竞技台的共富赛道。

"在光明农场里，十多台挖机在田畈里翻土作业，专业水平度测量仪立在田埂上。730 多亩连片高标准、数字化农田，由东向西呈水平梯田形状，田埂

临安城门口

交错成最美曲线……一个集现代技术与宋韵美学于一体的景观田园，就是光明农场不久后的形象。这也是於潜镇结合幸福村社创建，打造共富示范带的一个特色示范点。"《光明日报》记者发现了临安区於潜镇的共富带。据於潜镇相关负责人介绍，沿高后线於潜段分布的观山、后渚、潜东、田干、光明、绍鲁六个村将"抱团"发展，早谋划、早行动，架构耕织四馆、宋时田畈、天目茶憩、桑约绍鲁等多个示范点，为实现共富共美提供支撑。共富带建成后，预计沿线年均引流 30 万人次以上，产生经济效益 1.5 亿元，带动农户增收 5000 万元以上。

在临安"幸福村社"三大赛道设计中，"共富村"的创建涉及产业发展、集体增收、村民致富等九项评定标准，共富社区则涉及服务设施等六项评定标准，考核指标具体而且清晰，评定单位共有十几个相关部门。临安区发展和改革局有关负责人说："目的是激发村社自我发展的积极性和创新性，营造村社比学赶超的浓厚氛围，既要发挥好各部门服务指导的作用，也尽量不给村社添负担。"

"陌上花开，可缓缓归矣。"这也是临安龙岗镇海拔 500 米高山上的乡村运营师、"相见茶舍民宿"老板娘潘青青特别喜欢的一句话。

在幸福村社的打造中，潘青青所在的相见村也看见了幸福。

相见村脚下，一江碧水穿行于浙西大峡谷中，也藏着潘庆平、潘青青父女回报山乡的梦想。20 世纪 90 年代末，由潘庆平主持开发浙西大峡谷。大峡谷的爆红，为当年临安的经济发展立下汗马功劳，也成为"绿水青山就是金山银山"理念的生动探索。

2006 年，潘青青海归接棒，她对旅游却有着自己的理解，即从简单传统的景区型观光旅游，转向农文旅融合深度发展，融入乡村生活场景，挖掘乡村生态价值，打造具有深层次体验和互动的乡村旅游。

大峡谷拾级而上 700 米，白云生处有人家。"虽然道路逼仄，村子里也没有年轻人，但是太美了，大山被云雾笼罩，就像一幅水墨画。"2015 年，潘青青与相见村合资组建成立"相见生态旅游公司",开展乡村整体运营。为此,她一次性支付十年、总计200万元的租金,租下了八幢闲置老屋,并投入450万元改造了其中一幢民宿"相见茶舍"。同时,创意策划了大量农事节庆活动,如"点亮乡村——让萤火虫回家""相见山谷艺术节""封藏大典""峡谷艺术节"等,让一个默默无闻的乡村风生水起。

2022年,潘青青提出联合运营理念,在隔壁五星村又拿下三幢农房。"相见"系列纷纷落户山村,也让"小而美"的乡村成为有竞争力与影响力的旅游IP。

在美丽和平安两个赛道上,潘青青所在的相见村表现不凡,跻身2022半年度全区前15%的村社之列。"陌上花开,可缓缓归矣",如今,越来越多的年轻人像潘青青一样回到相见村,回到龙岗,回到临安,共创幸福。

二

幸福是如何来"临"的呢?

2022年以来,临安区认真落实中央、省、市关于平安建设、乡村振兴、社会发展的决策部署,全域推进"幸福村社"创建,采用"过程评比+结果运用"的方式,评定"平安村社""美丽村社""共富村社"三个示范单项和综合单项成绩的"幸福村社",全区270个行政村和36个社区同台竞技,有效激发村社工作积极性,提升基层治理水平,服务群众现实需求,形成镇街、村社之间"比学赶超"的良好氛围,为高水平建设"吴越名城·幸福临安"夯实基层基础,切实助推城乡社区现代化建设。

临安创建幸福村社的具体做法体现在三个方面。

做法一:形成一套创建指标体系。其中,"平安村社"从矛盾化解等八个维度设定指标,建立平安村社指数。"美丽村社"围绕村庄美、田园美、常态美三大类项目共设置13个指标。"共富村"涉及产业发展等九项评定标准,"共富社区"涉及服务设施等六项评定标准。

临安入城口

河桥镇聚秀村党支部书记杨中成最初有些心慌，因为多年来聚秀村少有项目落地，曾被区农业农村局列为基础较差村，这怎么去和别人竞争呢？考核指标的细化，让杨中成有了底，比如，"美丽村社"重点考核的是清洁乡村、美丽庭院、垃圾分类等工作，而不是比谁的项目多。"美丽村社"分村社制定标准，其中美丽村创建设置了村庄美、田园美、长效美三方面指标，主要考核农村人居环境最基础的工作。这意味着，每个村都是在同一起跑线上，没有谁绝对领先或绝对落后。区农业农村局相关负责人对此解释，村与村之间的发展并不同步，差距也是存在的，但是这个设计是希望每一个村都有展示自己的舞台。这让杨中成有了更多信心，并分析了具体的情况。比如，2021年，相对集中的两个自然村实施了美丽乡村项目，还剩朱源塘自然村没有明显的变化。2022年，创建美丽村社，"我们不能落下一个角落"。

做法二：制定一组正向激励机制。具体而言，临安将"幸福村社"创建的"赛马"机制纳入"党建领航、实干开局"五大比拼，将年终全区排名前15%的41个村和五个社区评定为示范平安村社、示范美丽村社、示范共富村社，给予单项奖励15万元，同时被评为平安、美丽、共富示范村社的，认定为"幸福村社"，每个村再给予50万元奖励，对排名前三的镇街给予100万元奖励。激励很诱人，正如前文提到的杨中成所说，"评上幸福村社可以得到95万元的奖励，当然有吸引力！"

做法三：实施一批惠民实事项目。"平安村社"的探索包括"小脑＋手脚"一网统管基层治理体系建设、村社"共享法庭"建设、"平安天目"社会治理风险研判分析系统和"新临居"服务管理平台建设。"美丽村社"的探索包括制定《临安区农村人居环境整治提升行动方案》，启动"一廊三圈十八景"项目，建设"天目叠翠"未来乡村共富引领带；"共富村社"的探索包括组建强村公司，探索村落景区运营新模式，谋划"共富广场"项目，创新实施天目医享项目，迭代升级文化礼堂2.0版，力推"天目书房"特色品牌。

三

临安上演了哪些幸福的"蝶变"？换句话说，平安、美丽、共富三驾马车，是如何驱动临安的幸福之轮往前奔驰的？

在平安村社的赛道上，临安着力基层智治，打造平安村社，以此筑牢幸福基础。

一是健全基层治理体系。临安在这方面举措频频，成效卓著：推进"小脑＋手脚"一网统管基层治理体系建设，深化"一中心四平台一网格"的基层社会治理体系建设。紧扣"136"纠纷化解目标，突出"区级中心、镇村属地、部门主体"责任，强化区级矛调中心建设。完善"一窗受理、一站登记、一人代办、一单到底、一键联合"组团式接待服务工作机制，推进基层治理四平台迭代升级；优化整合全区网格，下沉职能部门力量实现全区初次信访事项就地化解率98%。临安区主要领导亲自研究推动，四套班子包案领导带头攻坚协调，部门、镇街竭尽全力，打好信访积案化解攻坚战。截至目前，上级交办的第一批86件信访积案全部化解清零，在全省率先实现积案化解和再次信访率"双清零"，为杭州市首个清零区县。

二是优化数字法治系统。临安在浙江省首创"平安天目"社会治理风险研判分析系统，并入选全省数字法治最佳实践案例清单，被确定为全省数字赋能社会治理现代化场景应用揭榜认领项目。比如，在青山湖街道"青和翼"全域智治中心，大屏幕上实时跳动着平安创建、综合治理、城市管理等八个板块的数据，通过业务在线交互、数据实时共享，使问题处理更加畅通、便捷。青山人的手机里可以下载"青山云卫士"，上有爆料平台，假如生活中遇到求助，或者小区里看到有乱扔垃圾等不文明现象等情况，都可随手拍下，上传后，很快就有人解决。

同时，临安还深化了"共享法庭"的建设。2022年以来，调解各类矛盾纠纷200件，受益群众达1万余人次，成功入选最高人民法院《新时代人民法庭建设案例选编（一）》和全市首届十大法治实践，成为"浙江全域数字法院"第二批改革试点项目。此外还持续优化"新临居"服务管理平台，目前累计注册用户 16.7 万人，提供便民服务 26.5 万余次，有效破解流动人口管理和服务难题。

三是守牢安全稳定底线。比如，开展重大项目社会稳定风险评估，加强基层治安防控体系建设，各镇（街道）定期梳理问题清单，分析研判形势，明确

工作重点，限时完成整改，落实闭环管理，切实防范化解各类安全风险隐患，实现全区警情总量、电信网络诈骗发案数分别同比下降5%、18%。

以龙岗镇为例，该镇做实群防群治工作，建立了村书记负总责、村两委具体抓，以村民小组长、党员、专职网格员为主要成员的村级群防群治队伍，对电信网络诈骗六类数据进行分析，明确攻坚重点。2022年第一季度，该辖区内电信网络诈骗案件数量同比下降了80%。

临安主城区

在美丽村社建设方面，临安突出共建共享创建，擦亮了幸福底色。

其一，强化党建引领，凝聚基层组织合力。具体表现在：压实镇村"主战员"作用，实行镇（街道）主抓、各村（社区）全面参与的模式，创建任务作为提高班子战斗力、夯实基层基础的重要载体，树立勇争第一、实干担当的鲜明导向，营造"比学赶超"氛围；发挥部门"指导员"作用，建立"区、镇（街道）、村（社区）"三级宣讲队伍，相关部门全程做好业务指导，定期组织开展基层一线政策培训活动20余次，培训1200余人；落实监督指导职责，定期组织"晾晒比拼"，按照"发现问题—培训—整改—验收"模式，形成闭环管理，完成问题整改2700余个。此外，还突出群众"参战员"作用，充分调动广大干部群众的工作积极性，党员群众带头管好"自留地"，增强群众主人翁意识，提升村社居民保护环境、爱护环境意识。截至2022年10月，全区各村（社区）完成城乡面貌整治3200余处，清理垃圾150余吨，疏通村内沟渠875条、村内水塘285口，打造了31条美丽庭院景观带，参与群众达1万余人次。

其二，深化协同联动，加大重点工作推力。其中，以"非粮化"整治助力田园美，开展田园环境清理、整治、转变，基本做到无积存垃圾、无脏乱棚架、无乱建设施、无失管农田，让田园环境脏乱差的现象得到根本性改观。同时，对全区16个镇（街道）2.6万亩高标准农田（粮食生产功能区）进行提升，新建灌溉渠道77.7公里，建成太阳、天目山、潜川等高标准农田示范区，打造天目溪流域万亩"天目粮仓"，通过"非粮化"整治，进一步提升田园环境。建立"天目锋行榜"，实施环境整治排行，每季度开展评选，表扬先进、鞭策落后，2022年第一季度评选出了41个"最美村"和九块"最美田园"。

其三，坚持目标导向，提升乡村特色亮点。对照省市级迎亚运农村环境综合整治标准和检查清单、全区打造"最清洁乡村"环境工作整治清单，以及城市建设、环境整治等迎亚运任务工作清单等，整合重复项、补充缺失项，并从城乡环境特点出发，重新制定农村人居环境提升工作清单即美丽村社考核办法，出台"陌上花开·美丽临安"迎亚运城乡环境品质提升行动方案，持续推进村庄环境全面清洁工作。据统计，2022 年，全区以青山湖秀水圈、大天目名山圈、浙西天路户外圈等"三大圈层"为载体，生成 69 个重点项目，推动全域一体化发展。除此之外，还补齐了农村人居环境短板，实现了 A 级以上景区村庄创建、清洁庭院、农村生活污水处理终端标准化运维、农村公厕常态化管理全覆盖。

在共富村社的建设方面，临安围绕"富民强村"，壮大了幸福品牌。具体表现如下。

一是创新设立"强村公司"，做活集体增富文章。临安在浙江省率先提出集体经济组织"公司化"经营新模式，原有村集体经济合作组织以村集体资源入股等方式，与国资平台、民营企业等社会资本建立混合所有制公司，按照市场经济要求开展经营业务，依法依规承揽 200 万元以下工程项目，切实增加村集体经济收入来源。截至 2022 年，临安全区已成功组建了 146 个"强村公司"，村集体经济经营性收入从 2018 年的 1.2 亿元上升至 2021 年的 2.1 亿元。比如，浙江杭州青山湖科技投资集团探索村企合作模式，建设崇文路人才公寓项目，让 150 余个村级集体获得分红 3000 余万元。

二是全面推广村庄经营，做实农户增收文章。比如，发挥国企平台优势，有序推进总投资 16 亿元的龙门秘境等"八线十景"建设，探索"村企合作、市场主导、政府助营"的村落景区运营新模式，实现 18 个村落景区市场化运营、51 个项目落地。再如，临安建立了"天目安宿"数字化平台，提高民宿品牌知名度和附加值，为村集体增收 4700 余万元，直接带动村民增收 250 余万元。以於潜镇潜东村为例，该村利用共享稻田、共享厨房、共享乡宿等共享模式，发展农旅产业和民宿经济，带动村集体增收 130 余万元，参与农户户均增收 2 万余元。

三是深入开展暖心服务，做优金融惠农文章。组织本地金融机构，发挥"线上＋线下"渠道优势，做到"送政策、送贷款、送服务"，将原有的贷款办理流程从至少一小时缩短至最快三分钟。深入田间地头走访农产品种植户、养殖户，摸排资金需求，持续跟踪对接，统筹安排助力春耕备耕、粮食生产安全专项资金 10 亿元。同时，全面推广农户小额普惠贷款，已实现区域内农户授信、村（社区）金融服务覆盖率"双 100%"，涉农贷款余额达 135 亿元，创历史新高。此外，临安切实完善强农惠农政策，推出了农村青年创业伙伴计划。近三年来，累计发放青年创业贷款 4.55 亿元；临安农商银行推出共富贷，累计发放金额 5.71 亿元，惠及 4476 户，平均每人每年减免利息 1200 元。

临安的幸福村社比赛，并非一蹴而就，而是划分到三个赛道，细化到每月每季度每半年的考核成绩，以及与时俱进的总结和交流，这让"选手们"能随时了解自身的长短板，并作出相应的调整。

以幸福村社创建行动的第二季度为例，临安在分别指出该季度平安、美丽、共富三条赛道的成绩和不足之后，也提出了下一步的工作要求，非常详细。比如，强调问题要及时整改，做到"举一反三"。第一季度各部门排查到的问题大部分已经整改落实，但仍存在问题整改不到位、同类问题反复出现等情况，要进一步加大第一、二季度问题整改力度，定期开展"回头看"。再如，平安暗访问题，公安、市场监管、消防、住建等部门要将平安暗访中发现的问题逐项整改落实到位，对每项问题"举一反三"，确保不再发生。又如，垃圾分类问题，各村社不仅要对检查暴露的问题及时整改、落实到位，确保发现的问题不再发生，还要对照其他村社出现的问题开展"自查自纠"。另如，产业投资不多的问题，排名靠后的 41 个村和五个社区要主动向排名靠前的村社学习"取经"，谋划举措，逐个突破，有效推进产业发展、"消薄化债"等方面工作落地。

幸福是什么？幸福可能就是"临行密密缝，意恐迟迟归"的牵挂，是"春种一粒粟，秋收万颗子"的收获，是"采菊东篱下，悠然见南山"的闲适。对于临安而言，幸福有了雏形。临安全域推进"幸福村社"创建，是关于幸福的年度大奖，也是幸福来"临"的幸福邀约。"陌上花开，可缓缓归矣"，回到临安，回到幸福。

幸福
日志

临安青山湖科技城是浙江省重要的科研机构创新基地、杭州城西科创大走廊重要组成部分，主攻高端装备制造、未来微电子、新材料等产业，奋力建设国内高端装备特色产业高地、杭州城西科创大走廊"硬科技"创新策源地。

二

临安是吴越国缔造者、"上有天堂、下有苏杭"开创者钱镠的出生地和归息地，吴越国文化深深地烙印在临安大地上，留下了极其深厚的文化积淀。

三

临安是山核桃的主要产区，小小的山核桃是助力临安推进乡村振兴、共同富裕的"黄金果"。

四 2022年，临安新建20家婴幼儿成长驿站，实现镇街全覆盖，把婴幼儿照护"搬到家门口"。

五 临安创新推出了"天目医享·乡村医疗优质共享"改革，持续深化"医联体""医共体"建设，"择临健康"品牌进一步打响。

（六）临安全力推进亚运城市建设，打响亚运城市品牌。

（七）临安全区 270 个行政村已全面实现"村村通公交"，提升了村民幸福感。

八

临安在全域范围内着力打造"幸福村社"，让其成为"幸福临安"的最小单元，让幸福成为临安这座城市最鲜明的标识。

九

临安作为浙江省农村文化礼堂的发源地，迭代升级打造文化礼堂2.0版，使文化礼堂成为"大门常开、群众爱来"的精神家园。

2022 年，临安综合改造提升老旧街区 108 万平方米，以"新"换"心"，让群众美丽安居。

十一　临安作为"共享法庭"的发源地，以数字化改革为牵引，加快"共享法庭"迭代升级，让司法服务延伸至"最后一公里"。

十二　章叔岩，清凉峰国家级自然保护区千顷塘保护站原站长，在高山上工作了30多年，守护着华南梅花鹿等野生动植物，被人们亲切地称呼为"鹿爸爸"。

11

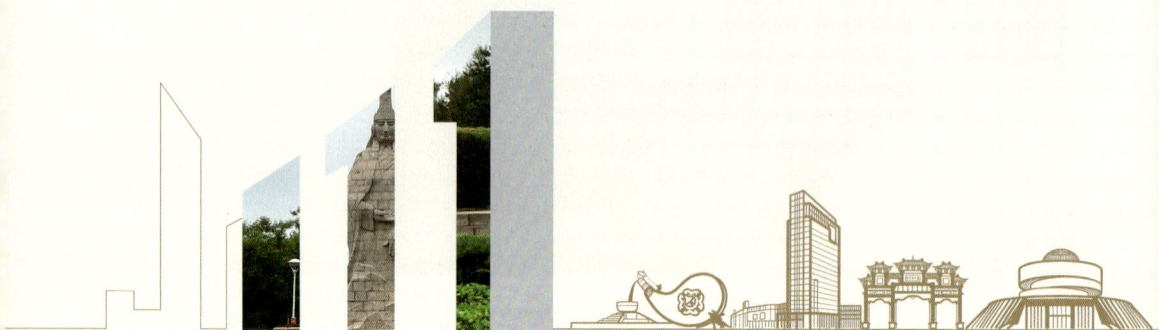

内蒙古
伊金霍洛旗

以高质量发展为引擎，在人民幸福样板打造和共同富裕的道路上先行先试。

伊金霍洛旗位于呼包鄂银榆城市群腹地，鄂尔多斯城市核心区之一。全旗总面积 5600 平方公里，常住人口 25 万人。全旗已探明煤炭资源储量约 560 亿吨，年产量稳定在 2 亿吨左右；全旗森林覆盖率达到 37.06%，空气优良天数保持在 330 天以上；有距今 4000 年的朱开沟文化遗址和 2000 多年的战国秦长城遗址。2021 年，地区生产总值 991 亿元，人均 GDP 接近 40 万元，位居全国县域首位。

资源型地区的共富密码

伊金霍洛是蒙古语，意为"圣主的院落"。伊金霍洛旗位于内蒙古自治区鄂尔多斯市中南部，总面积5600平方公里，常住人口25万人，是一代天骄成吉思汗长眠之地，也是国家重要的能源战略输出基地。

作为内蒙古县域经济发展的排头兵，伊金霍洛旗地区综合竞争力持续走在自治区前列，人均GDP达到39.8万元，居全国旗县（市、区）第一；居2022年中国百强县第42位，早在2019年，就全面消除家庭人均年收入"4600元以下"绝对贫困现象；全年地区生产总值从2011年的550亿元上升到2021年的991亿元，增长了近一倍；农牧民人均纯收入从2011年的1.1万元翻番至2.4万元；绿色低碳经济增加值占GDP权重不断攀升……

经济欣欣向荣，城市生机勃勃。以高质量发展为引擎，伊金霍洛旗正在人民幸福样板和共同富裕的道路上先行先试，全力以赴，走出一条资源型地区的共富之路。在奔赴共富的幸福征途中，伊金霍洛旗有哪些共富密码？

一

密码一：富煤城市实现绿色转型，夯实共同富裕的物质基础。

高楼大厦，必有深根厚基，实现共同富裕目标，首要任务就是发展产业。

一进入10月，北方地区纷纷进入取暖季，伊金霍洛旗能源局的相关负责人又开始马不停蹄地为冬季保供工作奔走部署。

转龙湾煤矿是伊金霍洛旗重点保供煤矿之一，传送带满负荷运转，掘进巷道井然有序，滚滚乌金正在外运，该煤矿负责人介绍："目前我们的单日采掘量达 3 万吨，2022 年我们需要对口保供四省十个市。"

2022 年，伊金霍洛旗承担保障冬季取暖用煤总量 192 万吨，还签订了中长期保供合同 1.422 亿吨。伊金霍洛旗是全国第三大产煤县，已探明煤炭储量 560 亿吨，现有现代化煤矿 72 座。"温暖千座城，点亮万家灯"正是这座能源输出城市的最亮眼标签。

位于国能集团上湾煤矿的 8.8 米综合采掘面，大型割煤机每掘进一刀，所产煤炭便可保障 3000 个家庭一年的用电需求。

党的二十大报告指出，要深入推进能源革命，加强煤炭清洁高效利用。伊金霍洛旗积极响应党中央号召，把清洁低碳作为调整能源结构主攻方向，在节能减排中优化能源产业空间布局，用高新技术和先进适用技术改造传统能源产业，延伸下游产业链，节约集约利用资源成为全旗能源经济发展主旋律。

截至 2022 年 10 月，全旗煤矿现代化开采水平、千万吨级现代化煤矿数量居全国前列，建成智能化综采工作面 30 个、智能化掘进工作面 19 个、国家首批智能化示范矿两个。单矿平均产能增至 300 万吨，为全国平均水平的三倍。

2022 年 10 月 24 日，神东煤炭布尔台煤矿综采二队队长付超军正佩戴着安装了"矿鸿"系统的专用手机在工作面例行巡视，用手机一键触碰就实现了四米高支架的操作和调整，不用像以往一样由工作人员逐架手动操作。

付超军介绍，"2021 年 9 月，我们矿开始试用'矿鸿'系统，这是全国首个矿山工业互联网信息系统。这个系统投用后，可以实现煤矿井下多制式物物互联，通过手机碰联实现移动端远程集中控制，自动无感采集综采工作面'矿鸿'支架数据等，大大提高我们的工作效率和安全性。"

通过启用"矿鸿"操作系统，打造"鸿蒙"智能化示范应用基地，伊金霍洛旗实现了能源领域核心技术创新的重大突破，全区首家矿鸿工业互联创新实验室获得国家矿山安全监察局批准，还率先在全区建成集工业经济调度、煤矿和环保安全智慧监管等功能于一体的工业数字化调度平台，提升能源经济现代化治理水平。到2025年，全旗在产煤矿都将建成绿色矿山，绿色成了诠释全旗现代能源经济发展的鲜明底色。

伊金霍洛旗在做好煤炭高效清洁利用等传统优势能源产业的基础上，也在绿色低碳产业的大潮中焕发出新的生机，引进多家新能源企业，积极推动高质量发展，做大共同富裕蛋糕。

2022年初冬，位于鄂尔多斯高原的零碳产业园，气温已接近零度，但在隆基绿能光伏全产业链项目现场，却是一派热火朝天的施工景象。3000多名工人、90多台大型机械设备开足马力，完成了2000平方米顶层楼板的最后一方混凝土浇筑，这也标志着国内最大的单体太阳能工厂建设迈入实质性阶段。

毗邻处，年产值100亿元的华景40万吨磷酸铁锂正极材料项目建设一期也进入了收尾阶段，总投资20亿元的上汽红岩鄂尔多斯新能源重卡基地项目仅用四个月时间就实现主体厂房封顶……极目远眺处，还有六台大兆瓦智能风机"风头正劲"，它们每年为产业园一期项目供应1亿度绿电，一期产能10.5亿瓦时的远景动力鄂尔多斯零碳电池工厂是园区的主角，已于2022年4月投产。

这些项目都是鄂尔多斯零碳产业园区引进的国内新能源行业头部企业代表，待上述项目投产后，伊金霍洛旗将率先诞生动力电池与储能、电动重卡、绿色制氢等上下游续接的集成化现代能源产业链，遵循"头部借力"和"链式思维"，"风光氢储车"五大产业建设初见成效，千亿级新能源产业集群规模初现。

到2025年，零碳产业园将实现3000亿元绿色新工业产值，仅通过零碳产业园就可实现全旗的地区生产总值翻两番，创造10万个绿色高科技岗位，实现1亿吨二氧化碳年减排。截至2022年10月，园区80%的电量由本地的风电、光伏直供，未来园区将逐步实现100%绿色零碳能源供给。

东行 30 公里，一排排光伏板在冬日暖阳的映衬下分外耀眼，112 万余片光伏板排成矩阵蓝海，年产出 10 亿度清洁绿电。这里曾是昔日的采煤沉陷区，地下乌金采掘完毕之后，继续利用有利的风光条件，建成光伏基地供应清洁电力。

源源不断的绿电输送到了零碳产业园与 20 公里之外的圣圆能源制氢加氢一体化项目，这是西部地区的首家交通领域绿电制氢工厂和自治区首家绿电制氢项目圣圆能源"制氢、加氢、储氢"一体化项目，生产过程不使用任何化石能源，不产生二氧化碳和其他污染物的排放。

一辆辆从巴图塔煤炭集运站开进开出的新能源重卡，外形与柴油重卡并无区别，但已不产生尾气排放，只要定时进入换电站或者加氢站，仅需三分钟就可以换上一块可以再续航 120 公里的电池，或者花 15 分钟加注 30 公斤氢燃料。截至 2022 年 10 月，伊金霍洛旗已经开通了三条矿区新能源运煤专线，推广应用新能源重卡 400 辆，运营里程近 100 万公里。

采煤沉陷区上的光伏板发电产出绿电，绿电电解矿井疏干水产出纯净的氢气——绿氢，绿氢和绿电经过不同储能工艺存储至各式电池，再广泛应用至各类车辆上，如公交、环卫、家用轿车、重卡等。一个崭新完备的绿色能源生产及应用系统初步构建，打通了风电、光伏、储能、动力电池、电动汽车等领域的壁垒。可以说，将新能源和新工业高效衔接，伊金霍洛旗已经掀起一场能源自我革命。

得天独厚的资源禀赋，加上探索解决资源型地区高质量低碳发展取得明显成效，厚植财源税源，增加就业岗位，提升城市内动力，是伊金霍洛旗推进共同富裕的优势之一。

二

密码二：提供多元的民生保障，实现群众的高品质生活。

受疫情影响，2022 年居民外出旅游比例大幅下降，如何能让群众在当地

（摄影：李峰）

享受高质量旅游休闲？伊金霍洛旗园林部门对既有的阿吉奈公园进行了升级改造，十个活动主题让居民移步换景、直呼"太惊喜"，加装了无动力儿童闯关设施、"感应花"路灯、蹦蹦云、萌宠乐园……18 万平方米的公园变成了一个户外休闲娱乐综合体，在国庆假期为当地居民提供了休闲娱乐的好去处，让居民尽情享受家门口的"诗和远方"。

像这样大型休闲公园，伊金霍洛旗建造了 34 处，并错落实现了"一园一主题、一园一特色"，每年春节、五一、十一期间定期组织的公园新春灯会、"五月花海"和"浪漫金秋"文化旅游节成为伊金霍洛旗旅游热门打卡点。全旗还修建了慢行绿道 42 公里，人均公园绿地面积达到 95 平方米，打造了 13 条环城生态水系，形成了"10 分钟公共文化圈"和"10 分钟体育健身圈"，城市幸福感触手可及。

推进共同富裕，关键是提升百姓的幸福感。伊金霍洛旗优先保障和改善民生，仅 2016—2021 年，就累计投入 175.6 亿元，旗镇两级实施民生实事项目 101 项，解决了老百姓的一批"急难愁盼"问题，群众幸福指数逐年攀升。

水岸新城片区有 17 个市移交居民小区，历史遗留问题较多，房屋质量、小区配套公共设施不完善，成了居民投诉焦点。

2019 年，水岸新城整体移交伊金霍洛旗后，水岸新城党工委随即全面启动了尾留工程、品质提升工程和市政公共基础设施工程建设。水岸新城有关人士介绍说："2018 年以来，针对各小区绿化、硬化等基础设施进行改造提升，免费安装了充电桩、智能门禁系统等基础设施，社区在各小区常态化开展各类活动，居民的幸福感、安全感逐步提升，把惠及居民的小事办好、身边事办实。"小事连着民心、大事连着民生。伊金霍洛旗坚持从最突出的问题着眼、从最具体的工作抓起，用有温度、有实效的举措，绘制出民生"大幸福"。

2021 年 5 月，伴随水岸新城中心公园盛大开园，水岸新城俨然成为中心城区的建设新地标、治理新样板。谈起水岸新城的变化，澜园（水岸新城一小区）居民刘门其展开了笑颜："以前的配套设施很短缺，现在学校、幼儿园都跟上了，还新修建了很多基础设施、绿化带以及儿童玩的游乐设施，咱们这个小区住得是越来越舒心了。"

在伊金霍洛旗共同富裕的路上，一个都不能少。2022 年，伊金霍洛旗将 20 种重大疾病及所有癌症病患者列入救助范围，对于符合救助条件的、家庭人均纯收入低于最低生活保障标准 1.5 倍的人员，经医疗保险和居民大病保险报销后，再次进行大病救助，封顶线为 8 万元。

自 2019 年全旗大病救助开始实施以来，已累计救助 5095 人，发放救助资金 3800 余万元。2021 年，阿镇的居民陈静瞿患恶性肿瘤，治疗总费用高达 52.9 万元，其中个人自付 14.5 万元，通过天骄暖心资金大病兜底救助了 7.25 万元，个人仅需支付 7.25 万元。在伊金霍洛旗看来，社会救助事关困难群众基本生活和衣食冷暖，关系民生、连着民心，开展"天骄暖心"特别救助活动，是保障基本民生、促进社会公平、维护社会稳定的重要举措。

伊金霍洛旗践行以人民为中心的发展思想，持续推动以民生福祉新提升促进共同富裕取得新进展。近年来，伊金霍洛旗累计投入教育经费 60 多亿元，引进清华、北大、北师大等高校毕业生和名优教师 200 余名，"县管校聘"等教改经验推向全国。2022 年，还率先在全区实现了九年义务教育阶段学生在校午餐午休全覆盖。社会保障体系日趋健全完善，在自治区率先实施城乡居民养老保障工程，城乡居民基本养老、基本医疗、最低生活保障三大保险覆盖率达到 100%，实现由城镇职工的"单位保障"向统筹城乡的"社会保障"根本性转变。发展普惠托幼，推广社区居家养老模式，提升"一老一小"等特殊群体保障能力。城乡低保标准分别提高到每人每月 550 元和 350 元。95% 以上的矛盾纠纷化解在基层，获评"全国社会治理创新典范县"……

高标准大手笔的民生保障投入，让广大群众平等参与现代化建设进程、共享发展成果，不仅要推动经济社会的高质量发展，更要擎起实现群众高品质生活的大旗，确保共同富裕能够取得实质性进展。

三

密码三：补齐共同富裕的薄弱环节，推进公共服务均等化。

推进农民变富、农业变强是共同富裕的重要任务。伊金霍洛旗将巩固拓展脱贫攻坚成果与全面推进乡村振兴战略有效衔接，连续五年设立 1 亿元产业振兴资金，增强农业农村发展活力和动力，培育形成乐享百万头生猪养殖、敏盖绒山羊产业链等一批特色产业项目，与农牧民利益联结率达到 80%。同时，全面推广"国有公司＋龙头企业＋合作社＋农牧户"增收模式，全旗 138 个村集体经济经营性收入全部突破 20 万元，整体经营性收入达到 3.6 亿元，逐步形成了"以工促农、以城带乡、城乡一体"的新型工农城乡关系。这样的共富故事比比皆是。

别墅林立，公园小景点缀其间，小学、幼儿园、医院、警务室、酒店、公园等公共设施一应俱全。从功能和景观看，乌兰木伦村俨然一座小型城镇。

56 岁的王飞一家住在一套 337 平方米的三层别墅，他和妻子在村办煤矿

上班，还经营着运输车辆，年收入达15万元。"我们都是沾了村集体的光。"王飞说。

乌兰木伦村里有煤矿、砖厂等四家村办企业，村集体年收入达6000多万元，每年有2800万元财力用于民生领域，以构建和完善就业、教育、医疗、住房、安全、环境和社会保障等七个民生体系，村民享受各项福利达每人每年5046元，人均纯收入达5.9万元。

乌兰木伦村党总支书记介绍了这里的共富"福利"：村民的医疗保险全部由村集体缴纳，住院医疗费用旗里报销后，剩余部分由村里全部兜底，新增了门诊报销；新考入大学的学生每人补助2000—5000元，考上研究生则提供每人6000元的教育补助；60周岁以上的男性和55周岁以上的女性，村里每人每年发放3000元生活费；村民每人每年领取2000元的生活补贴；水、电、暖

都有补贴，生活基本零负担……

王海龙是村办煤矸石砖厂的一名机械手操作员，大学毕业就回到了村里就业。"父亲在村里搞个体服务，母亲在村办物业服务队上班，自己也成家立业，一家人能团聚在一起很幸福。"王海龙说，"家乡有今天的发展，我真的感到骄傲！"

守望美丽乡村，远遨的鸿雁纷纷回到了故土，产业兴旺带动人才集聚，人才集聚又为乡村振兴注入了有生力量，厚植发展根基。

伊金霍洛镇布拉格嘎查牧民那仁达赖在成吉思汗陵景区经营着一家牧家乐，"我们嘎查（村）不大，名头可不小，又有ＡＡＡＡＡ级景区成吉思汗陵，还有国家森林公园呢。"伊金霍洛镇于2021年入选第一批100个全国乡村旅游重点镇（乡），是全区首个ＡＡＡＡＡ级景区成吉思汗陵所在地，镇区交通路网便捷，形成了以旅游为龙头的多元产业格局。

"你看这是我家，是镇上统一建设的农牧民回迁保障房小区。两层小楼一共 260 平方米，还有小院，不比城市里的居住条件差吧？"色日古楞笑着展示手机里的照片。2012 年，同村的 59 户村民和他一起搬进了回迁安置小区。伊金霍洛镇书记透露，镇上的农民可以从事养殖，用"北斗"放牧；可以从事旅游，进入餐饮协会、拉马协会和农牧民专业合作社，参与餐饮、拉马、民族手工艺等第三产业经营，农牧民人均年收入可达 5 万元。

走进苏布尔嘎镇的幸福互助院，可能要颠覆大家对传统养老院的认识。这里按照北方农村的建房习惯，为每位入住的老人配备了主房和凉房（储藏室），46 平方米的主房格局合理，一室一厅一卫，院子里还有一小片土地供种菜养花。远远望去，53 座小院整齐排开，白墙蓝瓦，透着一股爽朗的精气神。

"采菊东篱下，悠然见南山。"居住在这里的老人真正实现了老有颐养。幸福互助院自 2016 年建成后，一直是满员入住。

李花子老人患有肺气肿，入住幸福互助院还能享受到专业医护人员的照料，"我们每户都有独立的院子，家里又有水冲厕所，生活上方便了很多，环境也很干净，我们住得也舒服。"

农村空巢老人吃饭难、出行难、养老难是共性问题，伊金霍洛旗通过提升集镇区基础设施建设和公共服务水平，提高农民享受公共服务的可及性和便利性。

2021 年，苏布尔嘎镇又将合同庙村集体用房进行改造，建设了集室内生活区、户外休闲区及种植养殖区于一体的标准化养老院，配套了爱心食堂、洗衣间、洗浴房及室内水冲厕所等基础设施，配备专业医生、护工，老人们吃的菜由自建大棚提供，餐桌上的肉出自养老院自建猪舍。

孙二兰老人说："在这儿吃住都管，吃得也好，住得也舒服，还有人每天专门照看，方便挺多，还能跟老人能聚在一起说说话，挺好的。"

伊金霍洛旗积极探索村级治理新模式，全面推行以村民代表常设制和村民

东红海子湿地公园

代表会议参与重大决策为重点的"四权四制三把关"工作机制，改变了过去村党支部或两委班子"议行合一"的方式，在138个嘎查（村）建立了调解委员会和"文明实践＋积分管理"长效机制，实现了从"为民做主"到"请民做主"的转变，有效激发了农民自治活力。

苏布尔嘎镇毛盖图村进村油路早就实现，但通到各家各户的进宅路还是泥土路，进宅路建设成为村民们最迫切希望实施的工程之一。在村民代表大会上，大家形成了决议：采取受益村民出一半、村里补贴一半的方式，实施全村5000平方米的进宅路改造工程。杨万俊拿出了3000多元，2021年8月底，水泥路修到家门口。

值得一提的还有田园课堂。

每周五下午，伊金霍洛旗红庆河镇纳林希里小学的学生们都要走进周边的"红领巾农场"，跟着种菜"匠人"辨果蔬、识农事、学农活，体验"小农夫""小菜农"角色，掌握基本劳动技能，感受种植、采摘、收获的乐趣。

不仅有特色课程的开设，伊金霍洛旗还将优质师资源重心下沉至基层，2016—2021 年，全旗定向招聘乡镇基层教师 839 人，占招聘教师总数的 63.51%，深入实施校长、教师交流轮岗，促进城乡优质教育资源流动，还利用网络教学教研平台组织城区学校与基层学校共同开展同题异构、集体备课，提升课程品质，让农村的孩子享受到优质教育普惠的红利。

四

密码四：推动社会积极向善，构建共同富裕之路。

2022 年 6 月，伊金霍洛旗率先在全自治区设立"共同富裕资金"，积极引导社会资本推进共同富裕，畅通社会各方参与社会救助的渠道，鼓励各方力量通过捐资捐物、结对帮扶、包村包项目等形式，补齐农村牧区基础设施短板，提升公共服务均等化水平，支持医疗卫生等社会事业发展，支持绿色低碳产业高端化、智能化发展，不断完善先富带后富机制，为共同富裕时代大考探索"伊金霍洛答案"。

以转龙湾煤矿为例，该企业连续多年为社会慈善事业捐资，认为这是应该承担的社会责任，"企业的稳定高质量发展，很大程度得益于地方政府的支持、关心和良好的营商环境，我们后期还有捐赠，持续助力老百姓脱困，幸福城市需要人人出力来营造。"

在伊金霍洛旗看来，当前伊金霍洛共同富裕的奋斗目标就是要坚持以人民为中心的发展思想，在高质量发展中促进共同富裕，既要遵循规律，也要大胆探索、积极有为，让群众普遍感到生活富裕富足、精神自信自强、环境宜居宜业、社会和谐和睦、公共服务普及普惠，让百姓的获得感、幸福感、安全感更加充实、更有保障、更可持续。

幸福
日志

一

伊金霍洛旗投资 3455 万元，完成道路交通通行能力提升和交通事故预防项目等民生工程。

二　伊金霍洛旗新建的水岸新城民族幼儿园，共12个教学班，建筑面积6100平方米。

三　伊金霍洛旗用三年时间，为具备加装电梯条件的低层住宅安装电梯，项目总投资1亿元。

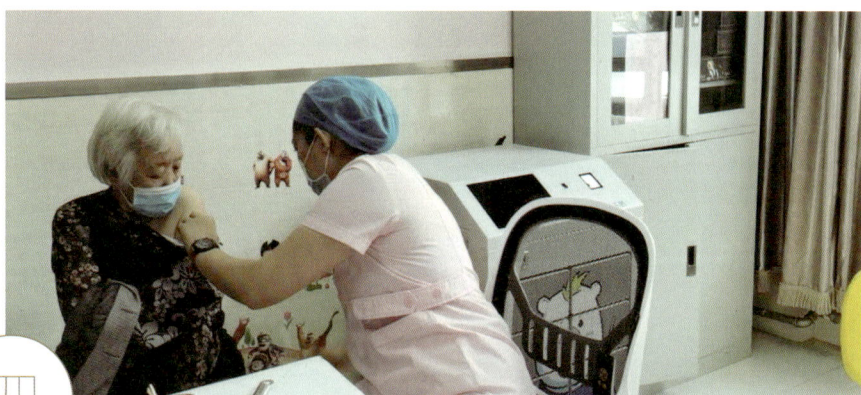

四

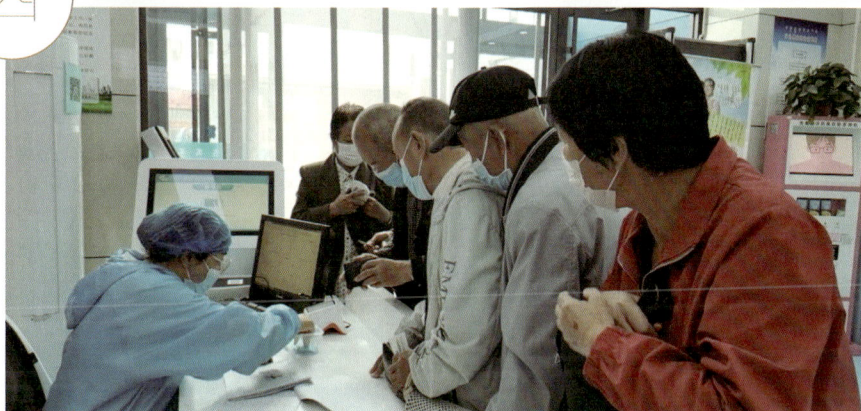

伊金霍洛旗为切实有效降低老年人群流感和肺炎的发病率，为 65 周岁及以上老年人免费接种流感和 23 价肺炎疫苗。

五　为打破停车资源紧张的困境，伊金霍洛旗在阿镇城区重点区域新增便民停车位。

六　为了补齐城市公厕短板，解决主城区旱厕基础条件差的问题，伊金霍洛旗将清除旱厕——老旧城区"厕所革命"确定为民生实事之一。

针对一些自然村存在常住人口居住地相对分散、移动信号差或无信号
等问题，伊金霍洛旗对农村牧区进行了移动信号提升改造。

八

伊金霍洛旗总投资 1445.2 万元，为全旗 54 所中小学、幼儿园安装智能饮水设备，强化和保障了在校学生饮用水的卫生安全。

伊金霍洛旗实施阿大线平交路口改造工程，进一步消除安全隐患，切实保障全旗重点公路和农村公路安全畅通。

九

＋　2022 年，伊金霍洛旗总投资 6600 万元，对老旧小区配套基础设施
进行改造。

＋一　伊金霍洛旗在 48 个小区安装健身器材、儿童滑梯等设施，新建或改
造沙池，实现小区健身娱乐设施全覆盖。

十二

伊金霍洛旗政务服务局探索推行"互联网＋政务服务"新模式，建设启用 24 小时自助政务服务点，居民在家门口就可以 24 小时自助办理政务服务。

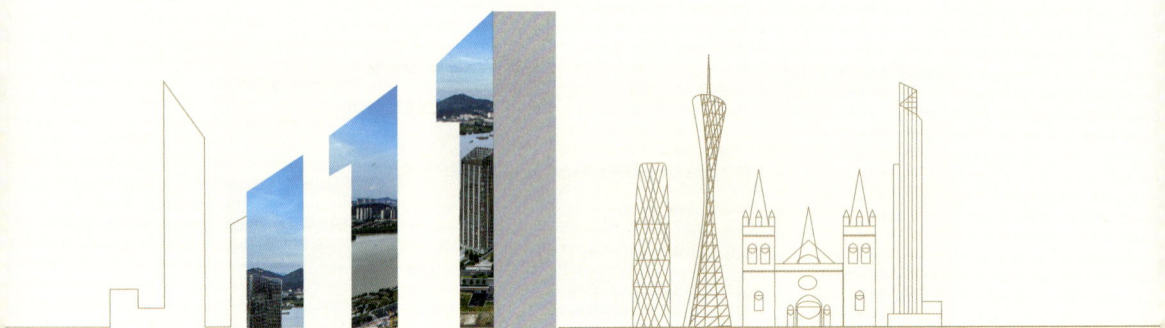

广州
南沙区

南沙以更加开放的姿态勇立潮头、踏浪前行，绽放幸福。

广州南沙新区，地处粤港澳大湾区几何中心，是大湾区"半小时交通圈"原点，面积803平方公里，实际管理人口120余万人。作为广东省目前唯一的国家级新区——广东自贸试验区面积最大片区、粤港澳全面合作示范区，南沙被赋予打造立足湾区、协同港澳、面向世界的重大战略性平台的重要使命。南沙有距今3000多年的广州最早的"南沙人"遗址、南沙虎门炮台旧址、人民音乐家冼星海故里，以及麒麟舞、咸水歌、香云纱等非物质文化遗产。

幸福从这里"开放"

对外开放，是我国的基本国策；坚定不移推进高水平对外开放，是党的二十大报告明确提出的新时代新征程的新要求。

广州南沙区，正是我国坚定不移推进高水平对外开放的新实验，是广东目前唯一的国家级新区、广东自贸试验区面积最大片区和粤港澳全面合作示范区。

2022年6月，《广州南沙深化面向世界的粤港澳全面合作总体方案》（以下简称《南沙方案》）出台，从国家层面支持南沙打造成为立足湾区、协同港澳、面向世界的重大战略性平台。南沙被赋予重大战略定位，也获得系列重磅支持政策，迎来前所未有的发展机遇，为粤港澳大湾区建设注入新的强劲动力。

对南沙来说，高水平对外开放之路，是关于国家实现经济巨大飞越的宏大叙事，更和生活在这个伟大时代的每个南沙人的幸福感息息相关。

筑梦新时代，幸福从这里"开放"，南沙有底气。

这里地处粤港澳大湾区之心，面积803平方公里，山、海、湖、田、城交相辉映，生态环境极佳，有令人瞩目的区位优势，是广州乃至广东全省参与"一带一路"建设陆海统筹的枢纽链接。

这里开放时间早，产业基础扎实。南沙有悠久的开放历史。3000多年前曾生活着广州最早的现代人"南沙人"。作为广州通往海洋的唯一通道，早在清代南沙就设有海关税所"官厅"，是我国当时"一口通商"的南大门，见证了广州"千年商都"的繁荣兴盛。2002年，广东省委、省政府在南沙召开现场会，吹响了南沙大开发的号角。经过多年的发展，南沙已经具备了相对完善的制度创新条件和产业发展基础，经济总量突破 2000 亿元，涌现出一批制造业龙头企业和科技创新平台载体。

这里的港口资源好，建设速度快。作为南沙的核心资源，港口是大湾区国际航运枢纽的重要组成部分。随着自动化码头建设和港铁联运模式的实施，以及航运服务功能平台和航运服务业的发展，南沙港的国际航运物流枢纽功能得到进一步提升。

这里的改革创新成效突出。近几年，南沙先后获批国家进口贸易促进创新示范区、综合保税区、国际化人才特区、跨境贸易投资高水平开放试点等国家级重大平台政策。

栉风沐雨、开拓进取的南沙，开发开放全面迈上新台阶，在推进高水平对外开放的浩荡东风中驶向幸福终点。

———

南沙打造高水平对外开放，注重制度创新，深化改革开放，激发新发展活力。

2022 年 9 月 17 日，广州市首批"最具获得感"改革案例成果发布活动举行。历经专家评审、公众投票、路演评选等环节，南沙区"率先探索试点商事登记确认制"从广州 200 多个申报案例中脱颖而出，入选十大案例。

商事登记确认制是南沙自贸片区的标志性改革品牌，也是营造国际一流营商环境的重要举措。这项由南沙区市场监管局推出的基层首创、自下而上推动的创造型、引领型改革，在全国产生了积极且重大的影响。

作为市场准入的首要环节，商事登记是政府规制市场的重要制度。2017年，针对企业办理营业执照面临的痛点、难点，南沙区市场监管局借鉴新加坡、新西兰等地的国际商事规则，出台《中国（广东）自由贸易试验区广州南沙新区片区深化商事制度改革先行先试若干规定》等规范性文件，主动调整政府职能，推动审批去许可化，将登记注册自主权还给企业。

广州南沙明珠湾灵山岛尖（摄影：陈小铁）

　　2020 年，国务院部署商事制度改革在全国 21 个自贸区推广试点；2022 年 3 月，正式施行的《中华人民共和国市场主体登记管理条例》吸收了南沙的改革成果，商事登记确认制上升为国家顶层设计。

　　围绕提升企业、群众幸福感，南沙区市场监管局强化科技赋能，推行营业执照全程电子化、智能化办理，最大限度减少人为干预，增加透明度和可预期性。申请人用手机就能完成开办企业，最快十分钟搞定，成功率达 96% 以上，赶超国际先进水平。

　　"前端"放活，"后端"也要管住。南沙注重放管并重，构建以信用为核心的新型监管机制，加强事中事后监管，推动商事制度的系统性、整体性重塑。

　　据悉，改革以来，南沙新增企业 18 万多户，企业总数较改革前增长了 6.1 倍，一大批世界 500 强企业投资项目和专精特新企业相继落户。

　　近年来，类似的制度创新和探索，在南沙层出不穷。

　　值得一提的是，在创新搭建营商环境改革管理体系的基础上，南沙也进行了开放式的机制创新。例如，与专业机构共同成立调研组，建立营商环境观察员机制，与智库机构共建营商环境专家委员会，与中国社会科学院共建营商环境创新实践基地，成立全国首个营商环境国际交流促进平台，等等。南沙通过创新探索营商环境全过程闭环跟踪监测模式和前沿问题研究解决机制，加快建设营商环境重大交流实践平台，探索构建优化营商环境社会多元主体共商、共建、共治的长效机制。

　　继在全国率先提出"营智环境"概念后，南沙首创"1+3""营智环境"评价体系，实现了国内人才发展环境评价体系从"零"到"一"的突破，为南沙和其他地区准确把握本地人才发展环境状况、构建更优的人才发展生态提供了有效的评价机制，为加快创建国际化人才特区提供了有力支撑。比如，为进一步便利港澳专业人才在南沙从业执业，南沙用足用好建筑、交通工程专业高级及以下职称评审权，创新建立港澳人才职称评价"1+3+4"体制，即"一个办法""三个标准条件""四个专业对应列表"，明确了建筑、交通工程专业职称评价的申报条件，建立起港澳专业人才申报职称评价制度，更加全面、公平、公正地评定技术水平和专业能力，方便港澳职称申报人准确选定专业申报方向，同时依托全国首个粤港澳大湾区职称和职业资格业务一站式服务平台，为专业人才提供一对一、全流程、个性化服务，畅通港澳专业人才申报内地职称渠道，进一步推进港澳人才融入粤港澳大湾区建设中。

2021年，南沙跨境电商产业蓬勃发展，全年跨境电商进出口值约360亿元，同比增长70%。为解决跨境电商出口退货渠道不畅问题，使跨境电商商品"出得去""退得回"，南沙充分发挥综合保税区政策优势，在全国首创物流畅通、通关便捷、监管有效的"跨境电商出口退货海关监管新模式"，构建跨境电商退货便捷链条，顺畅出口退货信息对接，全面梳理监管流程，实施"仓储货物按状态分类监管"措施，支持退货商品与保税存储货物同仓存储，实现不同贸易性质货物"合包"配送、集柜运输，使南沙在全国率先打通跨境电商出口退货便捷通道，加快融合出口电商物流和保税物流，高效盘活电商企业仓储资源，有力促进跨境电商产业链发展，推动南沙跨境电商枢纽港建设。

在国家"双碳"目标的大背景下，南沙打造绿色金融服务生态城市发展示范样本，率先推出多项绿色金融创新成果，构建以绿色金融标准为引领的政策体系和"交易、融资、研学"三位一体绿色服务体系，创新低碳业务融资渠道，落地全国首家气候投融资特色银行支行、首个绿色融资租赁线上平台、首个碳中和融资租赁服务平台等创新机构，开展全国首只公募碳中和资产支持商业票据（ABCP）、全国首单银行间市场类不动产投资信托基金（REITs）和能源行业类REITs、深交所首单碳中和汽车租赁资产抵押债券（ABS）等创新业务，同时依托广州南沙粤港合作咨询委员会，建立与港澳常态化绿色金融合作机制，推动粤港澳大湾区绿色金融标准互认，与港澳共建大湾区碳排放权质押融资、生态补偿机制。

广州南沙明珠湾大桥航拍

在行政审批制度改革方面，南沙持续发力，升级打造"交地即开工"5.0模式，通过推行"工业厂房仓储项目一站式审批""承诺验收主体工程先行使用""对满足使用功能单位工程开展单独竣工验收""建筑施工阶段免于办理环评""扩大告知承诺制范围"等一系列举措，实现社会投资类建设项目报批报建更快捷、更便利、更高效，为实体经济发展营造更优的营商环境。同时，针对涉及不动产交易、税务办理、电水气报装等群众办事的高频业务，南沙全方位构建"一件事"极简审批服务体系，实施100项"一件事"改革主题服务，打破部门与领域的壁垒，重塑服务矩阵，并联办理同主题事项，构建了"一次申请、一窗受理、一网通办、一次办结"闭环，破解了群众办事需要"进多扇门、排多回队、上多张网、报多次材料"的难题。

法治建设方面，南沙的制度创新令人耳目一新，构建了多维协同的全过程保护机制。在全国率先出台《关于保护中小投资者合法权益优化营商环境若干措施》，分别建立优化营商环境企业家法治联合体、中小投资者涉外法律服务机制和省以下中小投资者保护宣传机制，有力保障中小投资者合法权益。为提升未成年人权益综合保护效果，破解未成年人保护力量分散、融合度不足难题，南沙片区人民检察院联合职能部门和社会力量，实行引入网格化管理模式、建立"未保专员"制度、构建社会支持体系、打造"沙鸥"普法品牌等举措，形成集"司法办案、公益诉讼、综合救助、法治宣传、家庭教育指导"于一体的多维协同保护机制，构建起"学校、家庭、社会"保护的三位一体大格局。

税收服务方面，南沙针对新经济新业态，创新打造全链条式税收管理服务机制，通过建立项目准入联席制度，从源头打造专属服务，率先实行税收不确定事项报告制度，营造可预期税收营商环境，建立减税退税快享制度、税费快办精办服务制度和涉税风险"智慧共控"，助力新经济新业态享受税收红利，实现规范健康发展。

二

南沙打造高水平对外开放，注重发展质量，着力创新驱动，塑造经济新优势。

在国务院印发《广州南沙深化面向世界的粤港澳全面合作总体方案》两个多月后，即2022年8月11日，广州上半年经济数据出炉，南沙区地区生产总值1011.3亿元，同比增长3.7%，引领全市经济增长。

803平方公里的南沙区，正迎来前所未有的大发展。实际上，自2005年设区，特别是2012年获批成为国家级新区后，南沙就迎来快速发展的十年。其间，南沙实施创新驱动发展战略，科创产业徐徐起势，呈现出换道超车的后发优势。截至2022年10月，南沙已集聚400家人工智能企业，其中南沙本土成长起来的自动驾驶头部企业小马智行已累计超过 1300 万公里路测里程，成为国内首个获得自动驾驶出租车经营许可的企业。

除小马智行外，南沙还培育了多家科创"独角兽"企业，如云从科技、时空探索、巨湾技研、中科宇航等，科创发展正引航南沙经济高质量发展。数据显示，2020—2022 年，南沙科技型中小企业入库数从 379 家增至 1619 家，年均增长 106%，已聚集高新技术企业 744 家。

随着众多高端科研机构的聚集，南沙近年来开始成为大湾区突破基础科研瓶颈的重要支撑。《南沙方案》更是鲜明提出，打造重大科技创新平台，高水平建设南沙科学城。

2022 年 9 月 1 日，香港科技大学（广州）正式开学，不仅为南沙带来世界科技前沿最新成果，也将推动粤港澳大湾区的产教科创融合不断创新。

9 月 24 日，大湾区科学论坛永久会址正式动工，"科技之舟"从南沙启航，将打造成为全球前沿科技风向标、南沙国际形象示范点，加速推动大湾区科学论坛成为科技"达沃斯"。

位于南沙的南方海洋科学与工程广东省实验室（广州）（简称广州海洋实验室），是广东又一重大科研平台。2018 年 11 月成立至今，该实验室已汇聚 55 个海洋领域高层次科研团队，其中院士团队 16 个，全职或双聘科研人员超 1200 人。

2022 年 7 月，天然气水合物勘查开发国家工程研究中心落户南沙。该中心由中国地质调查局广州海洋地质调查局牵头组建，是我国深海资源领域获批的第一个国家工程研究中心，将充分发挥引领作用，打造国家深海战略科技核心力量。

中国科学院明珠科学园建设全面铺开，冷泉生态系统等重大基础设施加速谋划……一个个科技创新载体密集崛起。数据显示，近年来南沙专利授权量增长 5.5 倍，高新技术企业数量增长 8 倍。昔日基础科研底子相对薄弱的南沙，如今跃升为大湾区的科研高地。

南沙已进一步出台相关政策，力求实现创新链、产业链、资金链、人才链等"四链"深度融合，推动创新发展迈出新步伐。

南沙作为粤港澳大湾区重要枢纽，已成为链接世界的重要节点，链接着物流、信息流、资金流、技术流等要素。

优化粤港澳大湾区机场共享国际货运中心（南沙）运作，支持货物在南沙口岸"一站式"办理通关查验手续后，便捷快速运至机场出口；支持重点项目建设发展，争取开展港澳非处方药品跨境电商进口试点；支持南沙建立离岸贸易综合服务平台，试点开展离岸数据服务，培育发展数字经济……一条条政策，紧扣跨境电商业务、"保税＋"业务、汽车产业链等重点项目，持续优化海关监管服务，助力重点项目建设发展。

在南沙港区，150 条外贸班轮航线通达全球 300 多个港口，全球前十强班轮公司的国际航行班轮在南沙港往来穿梭，12 个以南沙港为枢纽港的"湾区一港通"支线码头装载出口货物热火朝天；在南沙综合保税区，进出货车络绎不绝，区内仓库里的美食美酒、跨境电商货物等不同类型的商品按指令分拨运送至国内外多个地方，飞机借助融资租赁异地监管"空中"联动……从白天到深夜，南沙港区始终是热火朝天的繁忙景象。

南沙跨境电商、平行进口、飞机保税融资租赁等新模式、新业态蓬勃发展。2021 年，南沙自贸试验区海关注册企业数量达到 5638 家，是南沙自贸区刚挂牌时的 5.9 倍。南沙综保区跨境电商进出口值在全国综保区排名第一，跨境电商网购保税进口业务量约占全国五分之一。2022 年 1—9 月，南沙口岸整车出口超 9.5 万辆，同比增长约 3.7 倍。

从打造海陆空铁立体式联运枢纽的大湾区机场共享货运中心，到搭建"买全球、卖全球"应用场景的全球优品分拨中心，再到实现跨境电商商品"来源可溯、去向可查"的全球溯源中心……南沙已经成为全球跨境电商重镇。2022 年 8 月 26 日，"2022 世界跨境电商大会"在南沙举行，向世界释放信号，在南沙，"买全球、卖全球"的梦想已经触手可及。

"上天入海"，产业托起未来，正是南沙当下的图景。

2022 年 9 月 29 日，中科空天飞行科技产业化基地项目全面完工并交付，预计年底正式投产使用，将成为国内首个全产业链商业航天产业基地，以及全国最大的民用自主研制推力固体火箭生产基地。从项目启动到动工建设再到交付投产，仅仅用了两年时间，见证了"南沙速度"。项目建成后，作为"火箭工厂"，中科空天飞行科技产业化基地主要以固体、液体运载火箭的研制、生产、试验、总装及测试为核心业务，实现火箭生产"一条龙"，年产运载火箭可达 30 发。

中科空天飞行科技产业化基地项目的建设，是南沙布局未来产业、逐梦"星辰大海"的一个缩影。2022 年 6 月 2 日 12 时 00 分，在西昌卫星发射中心，"吉利未来出行星座"首轨九星以"一箭九星"方式成功发射。7 月 27 日 12 时 12 分，我国当前最大的固体运载火箭——"力箭一号"运载火箭采用"一箭六星"方式，将六颗卫星送入预定轨道。这些，让向海而生的南沙"仰望星空"，成为我国商业航空航天版图上一颗耀眼的新星。

航空航天产业不仅是南沙逐梦"星辰大海"的缩影，也是南沙"芯晨大海"产业布局中重要的一环。当下的南沙，正以加快发展芯片和集成电路研发制造为核心，以创新发展承载晨光和希望的生物医药、航空航天等战略性新兴产业和未来产业为引领，以强化发展高端装备、智能制造、汽车等大制造与先进制造为根本，以聚力发展海洋经济、进一步对外开放为导向，加快布局建设"芯晨大海"，力争到 2025 年形成总产值达 2 万亿元的产业集群。

三

南沙打造高水平对外开放，坚持人民至上，布局未来之城，建设幸福新生活。

风起大湾区，奋进正当时。以高水平对外开放为核心，南沙正开展未来城市试点，打造粤港澳优质生活圈示范区。

南沙滨海公园（摄影：刘祝斌）

　　2022 年 9 月 1 日，广州南沙民心港人子弟学校正式开学，500 余名新生走进崭新的校园；南沙与广州市铁一中学共建的广州市南沙区铁英学校预计 2023 年 9 月开学……近年来，南沙在教育领域不断增量提速，引进了广州市湾区实验学校、广州外国语学校及其附属学校、广州第二中学南沙天元学校、广州大学附属中学南沙实验学校等优质教育资源。此外，南沙还不断加强与国内高校的合作，引进了华南师范大学附属南沙中学、小学和幼儿园，广东外语外贸大学附属南沙学校等。通过引进建设一大批优质学校，南沙成为广州集聚最多优质基础教育资源的片区。

　　与此同时，南沙加速集聚优质医疗资源，成绩同样令人瞩目。在南沙区横沥镇横沥岛上，中山大学附属第一（南沙）医院已拔地而起，于 2022 年 6 月 15 日正式启用。近年来，不少高水平医院纷纷在南沙建设分院区，一批优质医疗资源已在南沙布局或正待"上新"：扩建广州市南沙中心医院工程已完工

319

并交付使用；广州市妇女儿童医疗中心南沙院区已完成基坑施工；广东省中医院南沙医院正推进基坑施工；中山大学附属（南沙）口腔医院正推进方案设计深化；广州医科大学附属肿瘤医院（南沙院区）已明确选址……

2021年，巨杉数据库将总部搬到南沙，依托本地高效便捷的交通、优质的教育医疗等优势，人才的幸福感更强，有更好的创造力。

通达世界，交通先行。2022年8月，连通蕉门河中心区和南沙南部片区的通道凤凰大道（东悦湾段）正式通车，进一步完善蕉门河中心区、明珠湾区等重大区块与高快速路网衔接，大大促进区域经济发展。

2022年7月，南沙最高市政桥梁红莲大桥正式合龙，预计年底开通。届时，红莲大桥将成为大湾区国际航运物流中心快速集疏运体系的重要通道，将把万顷沙所在的南沙枢纽区块和龙穴岛所在的海港区块之间的交通行程，由原来的45分钟缩短至约十分钟，南沙区位优势将更加显著。

近年来，南沙的交通要道加快建设。截至2022年10月，南沙已开通地铁4号线及18号线万顷沙至冼村段，18号线时速可达160km，未来将延伸到中山、珠海。正在建设的地铁22号线，预计建成后可实现30分钟到达广州南站，未来还将延伸到东莞。

2019年4月开通的南沙大桥、2021年6月开通的明珠湾大桥……如今的南沙路网密布、四通八达，多条高铁、城际、地铁、高快速路在此交汇，通达大湾区主要城市核心节点的"半小时交通圈"呼之欲出。

新时代，新征程，南沙以更加开放的姿态勇立潮头、踏浪前行，绽放幸福。

幸福
日志

—

南沙地处粤港澳大湾区的地理几何中心，方圆 100 公里范围内汇集了大湾区 11 座城市以及五大国际机场，区位优势得天独厚。南沙与香港、珠江口东西两岸主要城市核心节点、广州主城区之间实现 30 分钟直接通达，以南沙为中心的"半小时交通圈"日臻完善。（摄影：陈剑锋）

二 南沙近年来引进 7 所三甲医院，形成由综合医院、专科医院、社区医院、社区卫生服务站组成的医疗卫生机构体系。图为中山大学附属第一（南沙）医院。（摄影：刘伟）

四

南沙近年来积极打造国际一流营商环境，累计形成 818 项自贸区制度创新成果，其中 43 项、119 项分别在全国、全省复制推广，成功打造商事登记确认制、全球溯源体系、全球优品分拨中心等一批首创性改革品牌。图为南沙创享湾青年创新创业基地。（摄影：陈小铁）

三

2022 年 9 月，位于南沙庆盛枢纽区块的香港科技大学（广州）开学，广州南沙民心港人子弟学校开学。民心港人子弟学校是全国首所非营利港人子弟学校。（摄影：陈小铁　刘伟）

五　南沙湿地是广州市面积最大的滨海红树林湿地。南沙湿地景区多年来致力于湿地生态系统的保护，吸引了数十万只候鸟来湿地栖息过冬。（摄影：刘伟）

2022 年，通过港澳青年学生南沙"百企千人"实习计划，176 名港澳地区的大学生在南沙进行了沉浸式职场体验。南沙将常态化开展"职场直通车""职场训练营"等活动，为港澳青年到南沙就业发展铺好路、搭好梯。（摄影：刘伟）

六

七

早在明万历年间，南沙榄核镇人民就开始生产制作香云纱。香云纱俗称莨绸、云纱，被形象地称为"软黄金"，完美地诠释了岭南文化，成为南沙新名片。（摄影：刘伟）

八

南沙的黄阁麒麟舞是广东省级非物质文化遗产，具有浓郁的地方特色，是经过近代麒麟文化的传承发展后形成的民间舞蹈艺术，相传已有300多年历史。（摄影：陈小铁）

九 2022 年，南沙"全民健身日"系列活动启动仪式暨南沙"扬名立万"徒步活动在南沙灵山岛尖举办，近 200 位选手踏着蓝红色交汇弯绕的跑道沿河出发，切实感受明珠湾起步区优美风景。（摄影：刘伟）

十 继南沙皮划艇基地启用后，帆船运动也在南沙逐渐兴起。南沙帆船协会参与创立的广州青少年帆船队曾在广东省青少年帆船（帆板）锦标赛中夺冠。（摄影：李夏同）

十一

南沙构建碧水蓝天、水陆联动的"碧道系统"，形成
"一环二核四带"总体特色结构，全区计划建成碧道
319.2公里，截至2022年10月，已累计建成约60公
里"碧道"。图为南沙凫洲碧道。（摄影：刘伟）

2022 年 7 月,广州港南沙港区四期全自动化码头正式投入运行,南沙港坐拥珠江出海口,通过南沙港铁路等辐射"泛珠三角"9 省(区、市),已实现海铁联运"天天班"。图为南沙港夜景。(摄影:陈加林)

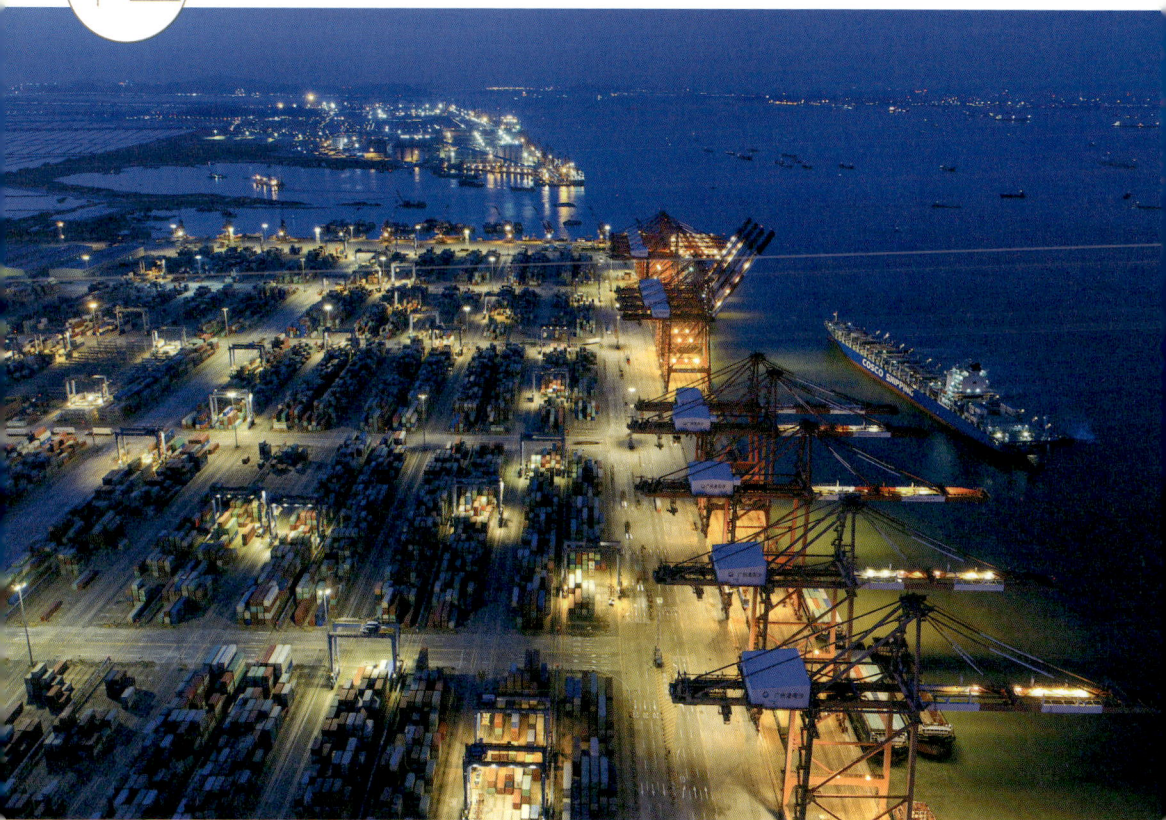

十二

跋

以居民个体的幸福感为中心建设和经营我们的城市

我出生在农村，但过去几十年的大部分时间里，都生活在大城市，因为工作关系，也去过国内外很多的大城市。不过，坦率地说，以前对城市的了解和理解都不够。到浙大城市学院工作以后，深感要做好自己的工作，需要补一补认识城市这门课。利用写这篇跋的机会，把自己对城市经营的思考简单地说一说。

所谓最具幸福感城市，就是居民幸福感最强的城市。本质上就是居民个人作为一个主体，在一座城市中产生的感觉、形成的能力和塑造的品质。幸福感城市的建设，归根结底，就是培育幸福主体；就是让生活于城市的个体既能够拥有真正的感受力，又能保持很好的发展性与成长性，并且具有良善的品行。

我们国家的城市化进程很快，城市化程度还在持续提高，将来应该会达到更高的水平，尤其是沿海发达地区如珠三角、长三角一带的城市，大城市、中心城市、城市群的人口聚集度会极高。城市已经成为大多数人终身生活与发展的平台。城市能否给人带来幸福感，就成为衡量一个国家能否给人民带来幸福感的重要标尺之一。

城市应该成为居民感知幸福的基本场景。城市的软硬件设施的建设管理水平和各类服务水平，城市自然生态与人文生态环境的品质，城市给人带来的工作和生活体验以及审美感受等，是决定居民幸福感的外部条件。

城市应该成为居民发展幸福生活能力的重要场域。教育、医疗、就业，生产、消费、投资，居民从事现代生产与生活所必须具备的能力，应该是幸福生活的基本能力，要在城市这个场域得到实践、锻炼和提高。

城市应该成为一所培养居民良善品行和公共精神的大学校。它不是传统意义上的学校，而是一所没有围墙的大学校，是一个生活世界中的教育场景；在某种意义上，城市也应该成为族群融合的大熔炉。那么，我们的城市能够让人学到什么呢？能够让新一代主体，尤其是年轻人，获得什么样的教育呢？这是两个带有根本性的问题。古希腊的柏拉图、亚里士多德讲城邦与公民之间相辅相成的那种关系，在如今就转化为城市与居民之间相互成就的关系。

城市应该传播什么东西、展示什么东西、教化什么东西？城市里的各种艺术品应该怎么摆设、各式文化微景观应该怎么设计？城市中的广告牌上又应该呈现什么样的形象、什么样的人物？这涉及诸多细节，有些甚至不是细节，而是很重要的内容。杭州市区道路斑马线上的"车让人"风景，不仅是市民的一种道德行为，更是一种品德教育示范。但目前中国的绝大多数城市，都有很多需要改进的地方。例如，城市盲道不堪入目，它们被胡乱停放的自行车、电动车等挤占——对于盲人来说，这简直就是一个梦魇。此外，国内几乎没有一个城市的公交车改造出让残疾人轮椅无障碍通行的设备，而这在日本已经基本实现了。

最具幸福感的城市，应该是最把人当人看的城市。换言之，就是一切以人民为中心的城市。这究竟是什么意思呢？它应该是把每一个生活在城市里的居民当作一种需要认真对待的场景，否则在城市发展和治理中就有可能出现族群之间的歧视、压迫和剥夺问题。比如，在数字化时代，数字鸿沟和数字难民就自然出现了。一些人认为先进、适用的技术应用，对某些主体而言，却是不需要的、不便利的。强迫居民接受数字化的"宰制"，这样的城市治理就没有做到以人为本，就说不上是善治。我们绝对不能把"以人民为中心"这一理念虚化，它的终极含义应该是以所有的个体为中心，而不是随意把某个个体或某类小群体排除在人民之外。如果我们把每个个体当作场景来讨论、规划，那么以人民为中心来创造城市的幸福感，就不仅是具体的而且是具有可操作性的。

尤为重要的是，在城市生活的那些弱势群体和边缘群体，比如老弱病残和外来务工人员，他们的感受往往就界定了城市文明和城市幸福感所能够达到的高度。这是一件非常明确且严格的事。我有一个断言：一座城市的治理，使得能享受到现代城市文明的居民自身的社会层次越低，则它所达到的文明程度就越高。如果一座城市让那些身体不自由者和社会底层都能获得做人的尊严和生活的便利，那么这一定是一座能让所有人都产生幸福感的城市。

中国共产党的执政理念是执政为民，是一切以人民为中心。在城市治理中，也必须把每一个居民的幸福当作基础设施建设、制度与政策设计以及各类服务所围绕的主轴，打造幸福标杆城市的工作必须围绕生活于或者将要生活于这座城市的主体来展开。他们将从便利中得到愉悦，在认同中感到欣慰，收获实现创业梦想那般的高峰体验，体验到这一辈子最想过的生活，直至在城市里安然终老。城市幸福感是由点点滴滴的小场景构建起来的，是由每一个居民的感受综合而成的，体现于多样性的物质文化生活和时空细节中。所以讨论这件事，一定不能有浮泛潦草的态度，不能大而化之，更不能抱着技术精英和权力精英的傲慢，仅仅以供给者的视角去看问题。我们固然需要有整体的规划与设计，但它必须能够回应居民个体的诉求。只要我们的城市管理者和服务者心中装着具体的人，力图从满足个体的幸福感诉求出发考虑问题，那么就一定能更加容易地发现许多需要改进的问题，也更容易找到城市建设与发展中的短板和痛点。在这个意义上说，最具幸福感城市的建设也一定是一个发扬民主的过程。我记得十多年前，杭州曾经提出"民主促民生"的理念，我觉得这个理念也是适用于营造城市幸福感这件事情的。

近些年来，中国城市的发展中出现了一些有意思的案例，非常值得关注，尤其是那些被纳入"中国最具幸福感城市"榜单的城市，更应该作为现象级案例重点考察。中国幸福城市杭州研究中心、中国幸福城市实验室精心策划的"幸福城记"丛书，旨在结合"中国最具幸福感城市"评选活动，进行理论与案例研究，探索幸福城市的共性与个性，形成科学合理的评价体系，传播幸福城市建设的经验，这是很有意义的工作。

是为跋！

罗卫东

浙大城市学院校长